hh kulinarisch

Cornelius Hartz | Catrin Prange

Hamburg
Kulinarisch
Gut und
Günstig

Ellert & Richter Verlag

Inhalt

Vorwort

Das Gastgewerbe zählt zu den Branchen, die am meisten unter der Corona-Pandemie gelitten haben. Immerhin konnten sich viele Restaurants damit über Wasser halten, dass sie ihre Speisen zum Mitnehmen angeboten haben. Dennoch hat die Perspektive, erst die Außen- und später die Innengastronomie wieder für Gäste zu öffnen, in der Branche zu einem allgemeinen Aufatmen geführt. Wir haben dieses Aufatmen zum Anlass genommen, einen neuen, aktuellen Gastronomie-Führer für Hamburg zu schreiben. Einen mit ausgewählten Lokalen und Geschäften, die querschnittartig zeigen, was unsere schöne Stadt in kulinarischer Hinsicht alles zu bieten hat. Das Motto „gut und günstig" ist dabei Programm: Die teuersten Hamburger Sterne-Restaurants haben wir bei diesem Buch nämlich außen vor gelassen – stattdessen gibt es ein Kapitel mit Restaurants, in denen man auf Sterne-Niveau speisen kann, ohne allzu tief in die Tasche greifen zu müssen. Wir stellen aber auch Imbisse und Bistros für den ganz schmalen Geldbeutel vor. Die Euro-Zeichen bei „Preise" bedeuten: Hauptgerichte bis 10 Euro (€), bis 20 Euro (€€) und bis 30 Euro (€€€). Unsere Auswahl ist naturgemäß subjektiv, auch wenn wir versucht haben, möglichst viele kulinarische Stile abzubilden und möglichst viele Ecken Hamburgs einzubeziehen. Andere Gastro-Führer bieten 600 oder sogar 1000 Adressen. Unser Ansatz ist ein anderer: Gerade die Beschränkung hat es uns erlaubt, in die Tiefe zu gehen und jeden einzelnen dieser Orte so ausführlich vorzustellen, wie er es verdient. Und das auf eine Weise, dass Sie, liebe Leserinnen und Leser, sich auch wirklich ein Bild davon machen können. Denn Hamburg ist nicht nur Labskaus und Fischbrötchen. Nein, Hamburg, das sind auch Tacos und Shakshuka, Biryani und Babaganoush, das sind Hirschrücken mit Champagnerkraut, Galettes mit Weißweinkartoffeln und Ceviche an Salsa Verde mit Puffmais. In diesem Sinne wünschen wir Ihnen: Genießen Sie die Stadt mit allen Sinnen – aber auch und gerade mit dem Geschmackssinn.

Cornelius Hartz
Catrin Prange
@hamburg_kulinarisch

Wohl fühl essen

Winterhude
Barmbeker Straße 47
22303 Hamburg
(040) 73435550
edenhall-hamburg.de
⊙ @edenhall_hamburg

Edenhall

Das Edenhall ist eine ursympathische alteingesessene Eckkneipe mit genialer Küche. „Das Besondere hier ist mein Team", erklärt die Chefin, und das merkt man auch jedes Mal aufs Neue, wenn man hier zu Gast ist: Alle haben Spaß bei der Arbeit und immer ein Lächeln im Gesicht. Mit den typischen Klassiker-Gerichten kann man hier schnell glücklich werden – das Bauernfrühstück oder auch das Roastbeef und das Sauerfleisch mit Bratkartoffeln schmecken absolut lecker und ein bisschen nach Kindheit auf dem Lande. Das Edenhall hat eine große Fangemeinde, es treffen sich hier die Nachbarn und Anwohnerinnen aus der direkten Umgebung, aber es gibt auch viele Stammgäste, die eine längere Anreise in Kauf nehmen. Der Besonderheit im Edenhall ist, dass sich das Angebot eben nicht nur auf die wirklich fantastischen Klassiker beschränkt. Es gibt jeden Monat eine neue Spezial-Karte, und die mutet manches Mal sehr international an. So zum Beispiel bei unserem letzten Besuch, als es die „Finnland-Wochen" gab. Angeregt durch einen finnischen Stammgast, hat sich die Küche in finnischen Spezialitäten ausgetobt und uns mit herrlichem in Wodka gebeiztem Lachs verwöhnt. Beim nächsten Mal steht dann vielleicht ein Irish Stew auf der Karte oder das beliebte Boeuf Bourguignon mit Spätzle oder ein ghanaischer Rindereintopf – wer weiß? Es gibt aber immer auch köstliche vegetarische und vegane Optionen, hier kommt keiner zu kurz. Die handverlesenen Weine stammen von einem kleinen Winzerbetrieb, und beim Fassbier gibt es eine stattliche Auswahl. Als wäre das alles noch nicht genug, kann man die Leckereien aus dem Edenhall auch noch eingeweckt für zu Hause mitnehmen. Es lohnt sich, im Online-Shop des Restaurants vorbeizuschauen.

Küche gut bürgerlich | **Preise** €€
Tipps von der Karte Käsespätzle, Roastbeef

Ottensen
Bahrenfelder Straße 212
22765 Hamburg
(040) 30603060
lily-hamburg.de
@bistro.lily

Lily of the Valley

Im Dezember 2018 öffnete dieses charmante Bistro am oberen Ende der belebten Bahrenfelder Straße seine Pforten. Inzwischen ist es aus der Ottenser Szene nicht mehr wegzudenken. So stellt man sich die moderne, urbane Gastronomie vor: vegetarisch, mit einem Hang zur gesunden mediterranen Küche, das meiste wird auf Wunsch vegan angeboten. Der Bahrenfelder Straßensalat ist einfach unverschämt lecker. Ein weiterer Dauerbrenner auf der Karte, die ansonsten immer wieder wechselt, ist die Pasta mit der wunderbar gewürzten veganen „Italian Bolo" aus Soja und Cherrytomaten, die als vegetarische Variante mit Parmesan serviert wird und mit einem bunten, beerig-nussigen Salat als Beilage daherkommt. Überhaupt sind alle Gerichte sehr fantasievoll angerichtet, hier gibt sich das Team ganz besondere Mühe. Die Küche ist stark mediterran geprägt, unternimmt aber auch Ausflüge in andere Regionen und bietet immer wieder vegetarische oder vegane Interpretationen der deftigeren deutschen Küche an, beispielsweise Grünkohl oder auch panierte Schnitzel aus Seitan. Ein schöner Durstlöscher ist der Minz-Orangen-Tee mit Blaubeeren. Auch das Frühstück am Wochenende ist zu empfehlen, beispielsweise fluffige Blaubeer-Pancakes mit hausgemachtem Sirup oder Dinkelbrot mit Avocado-Tartar und Spiegelei. Das Lily of the Valley legt nicht nur beim Einkauf großen Wert auf Nachhaltigkeit. Um so wenig Essen wie möglich wegzuwerfen, wird alles, was bei der Zubereitung übrigbleibt, weiterverwertet und zu Saucen, Kompott usw. verarbeitet. Ein äußerst nachahmenswerter Ansatz! Seit kurzem gibt es mit dem IVY einen zweiten Standort, und zwar am Hopfensack in der Altstadt.

Küche international, vegetarisch | **Preise** €–€€
Tipps von der Karte Bahrenfelder Straßensalat, vegetarische Bolo

Eilbek
Wandsbeker Chaussee 40
22089 Hamburg
(040) 25332080
gute-stube.hamburg
@gute_stube_hamburg

Gute Stube

Mitten in einem Wohngebiet in Eilbek liegt dieses gemütliche kleine Restaurant, das sich nach seiner Eröffnung 2014 schnell zum kulinarischen Hotspot der Nachbarschaft entwickelt hat. Inhaberin Sina und ihr kleines Team versorgen die Gäste mit ständig wechselnden, spannenden Gerichten, die sie als „deutsche Küche mit mediterranem Touch" bezeichnet. Einige Klassiker kommen in altbekannter Ausführung auf den Teller, wie Labskaus oder Wiener Schnitzel, andere Standards der Karte in fantasievollen Variationen, zum Beispiel als Pulled Pork Burger mit Cheddar und Spiegelei oder als Flammkuchen mit Ziegenkäse, Rucola und Orangenkompott. Der Clou ist, dass die Gäste in das gastronomische Konzept einbezogen werden: Nach der Eröffnung des Restaurants legte das Team im Gastraum regelmäßig Zettel aus, auf denen man notieren durfte, was man besonders gerne essen würde, und daran orientierte sich dann die Richtung, in die die Küche sich entwickelte. Hin und wieder macht Sina das auch heute noch. Bei aller Experimentierfreudigkeit weiß sie aber auch, dass sie um ein paar ganz bestimmte Gerichte einfach nicht herumkommt: „Wenn wir einen Tag kein Schnitzel haben, wollen sie auf einmal alle Schnitzel." Der Name des Restaurants spielt darauf an, dass man sich hier wie zu Hause fühlen soll, in der „guten Stube" des Elternhauses. Und das gelingt auch wunderbar – sei es im Innenraum mit seiner Einrichtung, die an „anno dazumal" erinnert, aber immer wieder durch farbenfrohe, witzige Details aufgelockert wird oder im begrünten Innenhof, wo man in den Sommermonaten einen wunderbar lauschigen Nachmittag oder Abend verbringen kann.

Küche deutsch-mediterran | **Preise** €–€€
Tipps von der Karte Wiener Schnitzel, Flammkuchen

Frau Dr. Schneider's Grilled Cheese Wonderland

Seit 2016 bereichert der Food Truck von Frau Dr. Schneider's Grilled Cheese Wonderland die mobile Hamburger Gastroszene. Sobald man den flamingofarbenen Lieferwagen mit dem gelben Schriftzug sieht, kann man sich getrost den Kochkünsten von Helena Gleißner anvertrauen, die das Konzept „Käsetoast" auf ein neues Level gehoben hat. Die Idee kam der gelernten Köchin aus Wuppertal bei einem Besuch in London, wo das „Grilled Cheese Sandwich" seit jeher ein Standard der schnellen Küche ist. Zurück in ihrer Wahlheimat Hamburg experimentierte sie mit diversen Zutaten und besorgte sich einen ausrangierten Bäckereiverkaufswagen. Der Aufwand hat sich gelohnt: Ihr Konzept war so erfolgreich, dass sich Gleißner im Herbst 2021 endlich ihren lang gehegten Traum erfüllen konnte und ihr eigenes Lokal eröffnete. Jetzt müssen Käsetoast-Fans die Stadt endlich nicht mehr nach dem pinkfarbenen Truck absuchen. Das über die Jahre entstandene Reservoir an Grilled-Cheese-Varianten – von „Bacon Jam" über „Mac & Cheese" und „Avocado & Rucola" bis hin zum „Evil Elvis" mit Erdnussbutter, Bacon und Banane – ist natürlich weiterhin im Angebot. Auf der wechselnden Karte stehen immer ein paar unterschiedliche Varianten, auf Anfrage auch vegetarisch oder vegan, und es gibt jeweils ein Tages- und ein Monatsspecial. Die meisten Zutaten der gegrillten Sandwiches stammen aus regionaler Produktion, allein schon das Sauerteigbrot ist ein Genuss. Der Food Truck ist übrigens auch weiterhin unterwegs, zum Beispiel auf Festivals. Denn so ganz möchte Gleißner doch nicht auf ihre mobile Küche verzichten, mit der alles anfing …

Küche Käsetoast | **Preise** €
Tipps von der Karte Bacon Jam, Evil Elvis

Altstadt
Deichstraße 39
20459 Hamburg
(040) 37517815
tibreizh.de
@tibreizh_hamburg

Ti Breizh

Die Bretagne zählt zu den Lieblingsregionen deutscher Frankreich-urlauber. Daran ist nicht zuletzt die fantastische bretonische Küche schuld, und die serviert in Hamburg kein Lokal überzeugender als das Ti Breizh (ausgesprochen: „Ti Bräis"), das dazu noch in einem malerischen althamburgischen Kaufmannshaus aus dem Jahr 1700 in einer der fotogensten Straßen der Stadt ansässig ist: der historischen Deichstraße. Die Besitzer haben das ganze Gebäude kurzerhand zum „Haus der Bretagne" erklärt. Man kann aber auch draußen sitzen, auf einem Ponton mitten auf dem Fleet. Vor oder nach dem Essen kann man in der Boutique im Eingangsbereich original bretonische Mode und Accessoires erstehen, vom maritimen Streifenshirt bis zur wollenen Dockermütze. Aber das Highlight ist natürlich das Restaurant, besser gesagt: die „Crêperie Bretonne". Denn hier stehen in erster Linie Galettes auf der Karte, die berühmten herzhaften bretonischen Buchweizenpfannkuchen, die hier mit allem belegt werden, was das Herz begehrt. Die Auswahl reicht vom „Forestière" mit Speck, Sahne-Champignons und Zwiebelkonfitüre über den „Endivine" mit gedünstetem Chicorée, Roquefortsoße und Walnüssen bis zum „Savoyarde" mit Weißweinkartoffeln, luft-getrocknetem Schinken und Raclettekäse. Dazu wird leckerer Cidre gereicht, herber bretonischer Apfelwein, der im Krug serviert und ganz stilecht aus kleinen Steingutbechern genossen wird. Und als Dessert wartet dann ein Buchweizen-Crêpe mit Honig und gebrannten Mandeln oder mit karamellisiertem Bratapfel, wahl-weise auch ein „herkömmlicher" Weizen-Crêpe mit Karamell aus gesalzener Butter oder einer sündhaft leckeren, hausgemachten Valrhona-Schokoladensauce. Na dann: *Bon appétit!*

Küche bretonisch | **Preise** €
Tipp von der Karte Galette Estivales

Hoheluft-West
Eppendorfer Weg 204
20251 Hamburg
(040) 52103690
soho-chicken.de
@sohochicken

SoHo Chicken

Am Hähnchen scheiden sich die Geister. Bei kaum einem anderen tierischen Produkt wird so schnell deutlich, unter welchen Bedingungen die Tiere gehalten worden sind: Ein halbes Hähnchen, das an der Imbissbude 3,99 € kostet, kann kein allzu angenehmes Leben gehabt haben. Ganz anders die Hähnchen bei SoHo Chicken: Hier kommt ausschließlich der „SoHo Ranger" auf den Tisch – ein mit Weizen und Mais gefüttertes Hähnchen aus Deutschland, das besonders langsam aufgezogen wird und daher bei der Schlachtung doppelt so viel wiegt wie ein Industriehähnchen. Die Lieferanten, von denen SoHo Chicken seine Hähnchen bezieht, sind kleine Agrarbetriebe, die keine Antibiotika verwenden und wo die Tiere mit viel Platz und natürlicher Einstreu leben dürfen. Und man darf behaupten: Das schmeckt man auch. Nach dem obligatorischen Gläschen hausgemachter Hühnerbrühe mit Wurzelgemüse als Appetizer hat man die Wahl zwischen einem frischen Caesar Salad mit ausgelöster Hähnchenbrust, dem Laugen-Burger mit Fleisch aus der Hähnchen-Oberkeule oder „Chicken & Chips" – knusprig frittiertem Hähnchen mit Pommes frites. Als Snacks für den mittelgroßen Hunger locken „Wings & Drums" oder „Pulled Chicken Tacos". Der absolute Star der Karte ist aber das auf dem Holzbrett servierte halbe Hähnchen, wahlweise auch als ganzes „Family Chicken" im Bräter für zwei Personen und mit einer Auswahl an Dips und Beilagen wie Kartoffelstampf oder Saisongemüse. Wer danach noch Platz im Magen hat, sollte unbedingt den warmen Apple Crumble mit Vanillesauce probieren, der in der Auflaufform an den Tisch gebracht wird und von dem man sich so viel auftun lassen kann, wie man möchte.

Küche alles rund ums Hähnchen | **Preise** €€
Tipps von der Karte Half Ranger mit Italian Fries, Apple Crumble

Altona-Altstadt
Große Bergstraße 255
22767 Hamburg
(040) 57244368
klippkroog.de
@ @klippkroog

Klippkroog

Seit über zehn Jahren ist das Klippkroog ein fester Bestandteil seiner Altonaer Nachbarschaft. Die wird hier sieben Tage die Woche von morgens um neun bis Mitternacht mit fantasievoll zubereiteten Speisen versorgt, vom Frühstück über den günstigen Mittagstisch bis hin zum abwechslungsreichen Abendessen. Dabei ist die wechselnde Karte betont bodenständig, den aktuellen Trends läuft man hier nicht hinterher: Avocadotoast und fancy Bowls sucht man vergebens, stattdessen kommen morgens leckere Brötchen mit hausgemachten Aufstrichen und Konfitüren auf den Tisch, mittags und abends Spareribs oder frische Salate, Suppen, Tartes oder Ofengemüse. Alle Zutaten sind regional und orientieren sich an der aktuellen Jahreszeit. Der Clou aber ist das „Klippkroog Abendbrot": Das besteht aus mehreren, teils selbstgebackenen Brotsorten mit Rosmarinschinken, Pastrami, Käse, Mixed Pickles, Frischkäse, Tomaten-Thymian-Butter und vielem mehr. Besonders lecker ist der Käse von regionalen Produzenten, wie der Deich-graf der Ostenfelder Meierei oder Weichkäse aus Demeter-Kuh-rohmilch vom Meierhof Möllgaard in Hohenlockstedt. Beim „Abendbrot" zeigt sich die ganze Stärke des Klippkroog: Beste Zutaten, fantasievoll zusammengestellt und schön angerichtet. Trotzdem hat man eigentlich gar nicht das Gefühl, dass man im Restaurant sitzt. Man kommt sich eher vor wie früher zu Hause am Abendbrottisch oder im Kreis guter Freunde. Besonders schön ist, dass man viele der leckeren Produkte, die das Klippkroog für seine Mahlzeiten selbst herstellt, wie Pestos, Chutneys oder eingelegtes Gemüse, hier direkt kaufen und mit nach Hause nehmen kann. Bis man wieder herkommt, ins „zweite Zuhause".

Küche regional und saisonal | **Preise** €–€€
Tipp von der Karte Abendbrot

Eimsbüttel
Eimsbütteler Chaussee 29
20259 Hamburg
(0175) 8627902
cheekypies.de
@ @cheeky_pies

Cheeky Pies

Der Pie, eine Pastete aus Mürbeteig mit Fleischfüllung, ist eines der Highlights der britischen Küche, die zu Unrecht als einfallslos verschrien ist. Dennoch sind Pies hierzulande bislang kaum bekannt. Diese Marktlücke machten sich der Brite James und seine Frau Chantal zunutze, die zunächst eine kleine Cateringfirma betrieben, die ihre Kunden mit britischen Spezialitäten wie Sandwiches und Fish & Chips belieferten. Bald schafften die zwei sich einen Food Truck an und backten versuchsweise ein paar Pies, wie James sie aus seiner Kindheit kannte. Der Erfolg war sensationell, vor allem bei den *expats* – „ich wusste gar nicht, wie viele Engländer und Australier in Hamburg leben", erzählt James. Inzwischen haben die beiden bei Froggy's Pub einen festen Standort und verkaufen ihre Pies außerdem tiefgefroren für zu Hause. Vor Ort wird der Pie gerne auf Pommes frites oder „Loaded Fries" serviert. Es gibt immer mehrere Sorten, und alle sind sensationell lecker. Man schmeckt, mit wie viel Aufwand und Liebe zum Detail die knackige Kruste und die herzhafte Füllung zubereitet werden. Ein Highlight ist der traditionelle „Steak & Ale Pie" mit super langsam gegartem regionalem Rindfleisch, karamellisierten Zwiebeln, Karotten und einer Sauce aus dunklem Bier. 50 kg Teig verarbeitet Cheeky Pies pro Tag, und neben den Privatkunden beliefert das Team inzwischen auch andere Hamburger Lokale und Pubs. Vor Ort sind die meisten Kunden nach wie vor Briten und Australier – viele Deutsche denken beim Wort „Pie" offenbar an etwas Süßes wie Apfelkuchen. Aber nach und nach schafft es Cheeky Pies, mit diesem Missverständnis aufzuräumen. Auf ganz köstliche Art und Weise!

Küche englische Fleischpasteten | **Preise** €
Tipps von der Karte Steak & Ale Pie, Loaded Fries

Very British

Hamburg und die britischen Inseln verbindet eine lange Geschichte. Die Beatles begannen in der Hansestadt ihre Karriere, seit 1898 ist in Klein Flottbek der Hamburger Polo Club aktiv, einer der drei großen Kaufmannsvereine im Hamburg zur Zeit der Hanse waren die „Englandfahrer", ja sogar das Labskaus, das viele für eine Hamburger Erfindung halten, stammt ursprünglich aus England. Und es gibt noch mehr kulinarische Verbindungen: **Lühmanns Teestube** (Blankeneser Landstraße 29), die auch als Bed & Breakfast fungiert, lädt ganz stilecht zum „Cream Tea", der original britischen Tee-Zeremonie mit Scones, Clotted Cream, Himbeerkonfitüre und einem Kännchen Tee. Im Blankeneser Treppenviertel nebenan kann man sich die Kalorien wieder abtrainieren und fühlt sich in den Gässchen wie in einer britischen Kleinstadt. Ein wenig später als den „Cream Tea", nämlich am frühen Abend, genießen die Briten den herzhaften „High Tea", und dieser Tradition hat sich **Eaton Place** (Bahrenfelder Straße 80–82) verschrieben: Hier zelebriert man „High-Tea-Events" mit kulinarischen Köstlichkeiten von der Insel, begleitet von Livemusik oder Lesungen aus den Werken von Jane Austen oder Charles Dickens. Außerdem serviert man „Breakfast" mit Sandwiches, Cheddar und Porridge, „Luncheon" mit herzhaften Cornish Pasties und „Afternoon Tea" mit Fingersandwiches und Petit Fours. Die Inhaber betreiben auch den **Eaton Place at Home Store** (Ottenser Hauptstraße 46). Hier gibt es britische Spezialitäten zu kaufen, von Tee über Shortbread und Peanut Brittle bis zu Bier und Essig-Chips. Wer abends Lust auf einen authentischen irischen Pub mit sehr guter Küche hat, dem sei der **Irish Rover** (Großneumarkt 8) empfohlen: Hier kommen hervorragende „Fish'n'Chips" auf den Teller, mit knusprigen Pommes frites, auf den Punkt gegartem Kabeljau im leichten Knuspermantel und hausgemachter Remoulade. Dazu gibt es Guinness, Kilkenny & Co. frisch vom Fass. Cheers! – oder besser gesagt: Sláinte!

Cocina Latina

Schanzenviertel
Stresemannstraße 119
22769 Hamburg
(040) 49222828
saint-pablos.de
@saintpablos_hh

Saint Pablo's Taco Shop

Dieser Imbiss an der Sternbrücke ist die Top-Adresse für Fans
der schnellen mexikanischen Küche, wie man sie in den USA
zubereitet: *„American-style street tacos"* nennt Inhaber Casey Smith
seine Kreationen. Smith stammt aus Nevada, und dort waren
Tacos, Burritos & Co. das *comfort food* seiner Kindheit. Die Rezepte
hat er als Student nach Hamburg mitgebracht und in jahrelanger
Arbeit weiter verfeinert. Zunächst hat er sie per Food Truck unter
die Leute gebracht, dann wurde ein stationärer Betrieb daraus.
Sein kleines buntes Restaurant, das er mit viel Herzblut zusammen
mit seiner Frau Amelie und einem kleinen Team betreibt, serviert
alle Standards, die man erwarten darf. Den Hunger stillen Tacos,
Burritos, Quesadillas und Chili, den Durst frisch gemixte Margaritas,
zwei Dutzend verschiedene Sorten Craft-Bier, außerdem Mezcal
und Tequila. Alle Hauptgerichte werden entweder mit Rinderhack,
Hühnchen, Pulled Pork, Seitan oder einem Gemüse-Mix zubereitet.
Oder mit „Beef Barbacoa" – einer besonders leckeren Variante des
Pulled Beef, das langsam in Agavenblättern gegart wird. Koch
Gabriel, ebenfalls Amerikaner, verleiht allen Gerichten das gewisse
Etwas – schließlich hat die mexikanische Küche durchaus eine
eigene Komplexität, die sich nicht einfach so aus dem Hut zaubern
lässt. Dazu braucht es Erfahrung und Inspiration. Um höchste
Qualität sicherzustellen, ist alles hausgemacht, wenn möglich mit
regionalen Zutaten. Die Tortillas sind glutenfrei, und Veganer
werden bei Saint Pablo's ebenfalls satt. Wer möchte, kann sich sein
Essen übrigens scharf würzen lassen. Richtig scharf. Authentisch
scharf. Natürlich auf eigene Gefahr.

Küche mexikanisch | **Preise** €
Tipps von der Karte Burrito Barbacoa, Margaritas

Verschiedene Standorte
Z. B. Wochenmarkt am Immenhof,
Wandsbeker Wochenmarkt, Isemarkt
(0176) 63108818
darios-empanadas.eatbu.com
@ @dariosempanadas

Dario's Empanadas

Empanadas, herzhaft gefüllte Teigtaschen, kennen viele vielleicht aus dem Spanienurlaub. Noch verbreiteter sind sie aber in Süd-amerika, wo jedes Land seine eigenen Rezepte und Varianten hat. Die argentinischen Empanadas zeichnen sich nicht nur durch das aus, was hineinkommt, sondern auch durch ihre Form: Sie sind besonders klein, und das hat einen großen Vorteil – man kann mehr unterschiedliche Empanadas probieren. Trotzdem braucht man ein paar Anläufe, um sich quer durch die Speisekarte zu kosten, die an dem kultigen Citroën Typ H befestigt ist, mit dem der junge Argentinier Dario Franconi und seine Frau seit 2019 auf diversen Hamburger Wochenmärkten unterwegs sind. In Argentinien sind die Teigtaschen so beliebt, dass sogar die einzelnen Regionen des Landes auf ihre speziellen Varianten stolz sind. Und die gibt es auch bei Dario: Zum Beispiel die Sorte „Cordobesa" mit Rinderhack, Zwiebeln, Tomaten, Oliven und Rosinen – benannt nach ihrem Herkunftsort, der Provinz Córdoba in Zentralargentinien. Ebenfalls aus Córdoba stammt das Rezept für die Empanadas „Arabe" mit Lamm, Tomate, Zitrone und Minze. Fisch-Fans greifen zum „Atun al Limon" mit Thunfisch, Zitrone und Kapern. Und auch Vegetarier kommen auf ihre Kosten: „Apio" mit Sellerie, Roquefort und Pekannüssen ist ein echter Genuss, genau wie „Zapallo" mit Kürbis und Grünkohl. „Humita" ist sogar vegan. Alles wird täglich frisch und per Hand zubereitet. Auf Wunsch macht Dario die Empanadas noch einmal heiß, aber sie lassen sich auch sehr gut kalt essen. Im Kühlschrank bleiben sie bis zu zwei Tage lang knusprig. Wer noch etwas Süßes für hinterher möchte, greife zu den „Alfajor", der lateinamerikanischen Spielart der Macarons. Absolut lecker!

Küche argentinische Empanadas | **Preise** €
Tipps von der Karte Cordobesa, Zapallo

St. Pauli
Detlev-Bremer-Straße 43
20359 Hamburg
mexikostrasse.com
@mexikostrasse

Mexiko Straße

2017 hat der mexikanische Küchenchef Miguel Zaldivar auf St. Pauli seine erste eigene Taquería eröffnet. Zugegeben, der Name ist ein wenig irreführend, denn das Lokal liegt nicht etwa in der Mexikostraße, eine solche Straße gibt es in Hamburg gar nicht. Der Name soll vielmehr darauf hinweisen, dass es bei Zaldivar original mexikanisches Street-Food gibt, nämlich Tacos, kleine belegte Maismehl-Tortillas. Das Besondere: Diese Tacos kommen in ganz ausgefallenen Varianten daher, die man so sonst nirgends bekommt. Um alle zu probieren, braucht man mindestens vier Anläufe. Wie wär's zum Beispiel mit der Variante „Brisket en chile ancho" mit sous-vide-gegarter Rinderbrust, Pico de gallo und Schmorgurken? „Pulpo estilo la condensa" mit Oktopus, Kartoffelpüree und Chorizo? Oder „Frijoles con polátano" mit schwarzen Bohnen, Kochbananen und Añejo-Käse? Eines der Highlights ist die hausgemachte Guacamole, die es ebenfalls in zwei Varianten gibt, „Clásico" mit gereiftem, raffiniert gewürztem Feta-Käse und „Negro", zubereitet mit der Asche von vier Chilisorten. Ebenfalls Pflicht ist das Dessert: Unverschämt leckere Churros mit Schokoladensoße. Den Durst stillen, ganz stilecht, Sol-Bier oder eine Frozen Margarita, manchmal auch als sommerliches Special mit Holunderblütensirup – lecker! Wer ein wenig abenteuerlustiger ist, bestellt das Tasting Tray mit diversen Sorten Mezcal. Die Taquería Mexiko Straße ist eine echte Erfolgsgeschichte: Mitten in der Pandemie, im Herbst 2020, öffnete eine weitere Filiale ihre Pforten, in Eimsbüttel (Eppendorfer Weg 188). Offenbar kriegen die Hamburgerinnen und Hamburger von der mexikanischen Fusion-Küche einfach nicht genug.

Küche mexikanisch/Fusion | **Preise** €–€€
Tipp von der Karte Tacos, Tacos, Tacos

Ottensen
Nernstweg 32–34
22765 Hamburg
(0163) 3126491
tigre-hamburg.com
@ @tigre_hamburg

Tigre

„Tigermilch" – *leche de tigre* – nennt man im südamerikanischen Spanisch die Marinade aus Limette, Sellerie und Knoblauch, mit der die peruanische Nationalspeise zubereitet wird: Ceviche. Bei diesem Gericht werden roher Fisch und Meeresfrüchte durch den Zitrussaft der Marinade sozusagen „gegart". Das Resultat ist frisch, spicy und extrem lecker – zumindest im Restaurant Tigre, das von einem Peruaner und einem Ecuadorianer geführt wird und bis vor einiger Zeit noch Leche de Tigre hieß. Jetzt ist vom Namen nur noch die Raubkatze übrig, aber die kompakte Karte ist so gut wie eh und je. Die Gerichte werden im Tapas-Stil serviert, also kleine Portionen, die sich ideal eignen, um Verschiedenes zu probieren. Das Ceviche kommt in mehreren Varianten daher, zum Beispiel mit Pulpo oder Gambas, aber auch vegan. Doch die Küche hat noch mehr zu bieten, wie die „Aji de Gallina Springrolls", Teigröllchen gefüllt mit Yellow-Chicken-Frikassee, die man in eine Oliven-Mayonnaise tunkt, den „Angry Chicken Bun", ein Kartoffel-brötchen mit Crispy Chicken, Coldslaw und Chipotle-Mayo, oder die „Latin Samurai Carbonara" aus Ramen-Nudeln mit Chorizo und Huancaína-Sauce. Die ideale Beilage zu allem sind die Fritten aus Yuca (Maniok), die ebenfalls mit der leckeren Huancaína daher-kommen, der typisch peruanischen Chili-Käse-Sauce. Wer dazu etwas Ausgefalleneres trinken möchte als *cerveza* oder Wein, der greife zu einem der Cocktails mit Pisco wie dem „Paloma" oder dem „Pisco Sour". Das Ambiente ist übrigens ebenso fantasievoll und bunt wie das Essen, mit viel Kunst in knalligen Farben und traditionellen Masken auf schwarzen Wänden. Ein Fest für alle Sinne!

Küche peruanisch/Fusion | **Preise** €–€€
Tipps von der Karte Beef Ragout Bao, Ceviche, Yuca-Fritten

Hoheluft-Ost
Falkenried 30
20251 Hamburg
(040) 89721372
la-quesadilla-hamburg-1.de
@la.quesadilla.de

La Quesadilla

Authentischer geht es nicht. Das behauptet nicht nur Wirt Max
Reichle, der vor über 30 Jahren aus Honduras nach Hamburg
kam und in seinem kleinen, gemütlichen Restaurant die Küche
zelebriert, die er als Kind in seiner Heimat kennengelernt hat. Viele
Grundrezepte gehen auf die 70er-/80er-Jahre zurück, erzählt
Reichle. Das heißt aber nicht, dass das, was er auf die Teller
zaubert, altmodisch wirken würde – im Gegenteil: Echte Klassiker
kommen halt nie aus der Mode. Es stehen diverse Varianten der
Standards aus Mexiko wie Burritos, Enchiladas, Tostadas
und natürlich Quesadillas auf der Karte. Zwischendurch blitzt aber
immer wieder der karibische Einfluss auf, wie beim Taco „Puebla al
Pastor", einer Tortilla mit gegrillter Hähnchenbrust, Bacon, Achiote
und Ananas. Ganz zu schweigen vom gegrillten Kabeljau mit
Limone-Pfeffer-Kokos-Sauce, dem „Caribbean Chicken Tamanji"
mit einer Sauce aus Aprikose, Ingwer und Tamarinde oder dem
traditionellen „Jamaican Jerk Chicken", zu dem wunderbar ein
original jamaikanisches „Red Stripe"-Bier passt. Unverschämt
lecker sind aber auch die Chimichangas, in der Fritteuse gebackene
Burritos mit Pulled Chicken, Pulled Beef oder Guacamole und
Bacon. Ein Tipp für Kenner ist die „Michelada", ein Cocktail mit
Corona-Bier und Tabasco, aber auch die hausgemachten Limonaden mit Hibiskus, Limette oder Tamarinde sind sehr zu empfehlen.
Ebenso authentisch wie die Gerichte wirkt übrigens das bunte
Interieur, das mit viel Liebe zum Detail gestaltet ist und wo einem
ein ums andere Mal der Totenschädel von „Santa Muerte" entge-
gengrinst. Ein Abend im La Quesadilla ist ein richtiger kleiner Kurz-
urlaub in der Karibik.

Küche mexikanisch/karibisch | **Preise** €€
Tipps von der Karte Chimichanga Carne, Taco Mole

Aus Neptuns Reich

Veddel
Tunnelstraße 70
20539 Hamburg
(040) 786389
veddeler-fischgaststaette.de
@veddelerfischgaststaette

Veddeler Fischgaststätte

Der Süden des Hamburger Hafens ist längst nicht so bekannt wie die Landungsbrücken, die HafenCity oder die Speicherstadt. Dabei gibt es zwischen Veddel und Steinwerder einiges zu entdecken, nicht zuletzt ein Lokal südlich der Elbbrücken, das seit 1932 zu den traditionsreichsten der Hansestadt zählt. Früher tummelten sich hier mittags vor allem die Hafenarbeiter, doch auch wenn das Publikum heute bunter ist, orientieren sich die Öffnungszeiten noch immer an der werktätigen Bevölkerung: Montag bis Freitag von 11:00 bis 17:45 Uhr. Die Veddeler Fischgaststätte rühmt sich damit, die kleinste Speisekarte aller Hamburger Lokale zu haben, und tatsächlich gibt es nur vier Gerichte: Backfisch, Scholle, Brathering (gebraten oder sauer eingelegt) und Fischfrikadellen. Dass eine kleine Karte für hochwertige Speisen steht, bewahrheitet sich hier absolut. Star der Karte ist der Backfisch, ein extrem zarter, vor Island gefangener Seelachs in knuspriger Panade, der jeden Morgen frisch filetiert und in einem Ofen gebacken wird, der aus den Zwanzigerjahren stammt und seit 1947 im Lokal in Betrieb ist. Als Beilage stehen Pommes frites und ein Kartoffelsalat zur Wahl, für den jeden Tag 50 kg Kartoffeln verarbeitet werden, sowie ein sehr leckerer Gurkensalat. Dass alles täglich frisch zubereitet wird, hat den schönen Nebeneffekt, dass zum Feierabend kaum etwas weggeworfen werden muss. Zwei Fauxpas sollte man sich im Lokal übrigens verkneifen: Ungefragt am Stammtisch Platz zu nehmen und nach einem Messer zu fragen – nach dem Krieg, als Fischmesser rar waren, wurde es hier üblich, den Fisch mit zwei Gabeln zu essen, und diese Tradition setzt sich bis heute fort.

Küche traditionelle Hamburger Fischgerichte | **Preise** €-€€
Tipp von der Karte Backfisch mit Kartoffelsalat

Fischimbiss Schabi

Das Schulterblatt im Herzen des Schanzenviertels ist ein absoluter Gastro-Hotspot. Hier und in den direkten Seitenstraßen befinden sich rund drei Dutzend Restaurants, Cafés und Bars, und sogar die Straße selbst ist nach einer Gaststätte benannt, die im 17. Jahrhundert den entsprechenden Knochen vom Skelett eines Wals als Aushängeschild verwendete. Bei all der Vielfalt kann man schnell den Überblick verlieren. Wer Lust auf frisch zubereiteten Fisch hat, dem sei der Fischimbiss Schabi empfohlen, denn der ist klein, aber oho! Der schmale Laden, vor den gerade mal drei Biertische passen, bietet leckere Tellergerichte mit dem Besten aus dem Meer. Wenn man den Imbiss betritt und vor der großen Glastheke steht, in der der frisch filetierte Fisch auf Eis liegt, weiß man gleich, was einen erwartet: allerbeste Qualität. Kaum einen Meter hinter der Theke wird der Fisch gebraten – viel Platz hat das Team hier wirklich nicht. Dass sich keiner auf die Füße tritt, kann nur der jahrelangen Übung geschuldet sein. Zehn verschiedene Fischsorten stehen zur Auswahl, vom Seelachs über die Scholle bis zum Hecht, dazu Tintenfischringe und Gambas. Serviert wird der knusprig gebratene Fisch mit knackig frittierten Kartoffelscheiben und Salatbeilage. Dazu ein kühles Astra. Alles ohne Schnickschnack, dafür frisch und lecker. Das Schanzenviertel leidet extrem unter der allgemeinen Gentrifizierung, Altbauwohnungen werden teuer saniert, die Mieten steigen. Gewerbetreibende sind davon ganz besonders betroffen, da sie keinen Mieterschutz genießen. Umso schöner, dass sich ein so alteingesessener Laden wie der Fischimbiss Schabi nach Jahrzehnten immer noch halten kann.

Küche frischester Fisch | **Preise** €-€€
Tipp von der Karte Dorade Royal

St. Pauli
St. Pauli Landungsbrücken
20359 Hamburg
(040) 33399339
bruecke10.com
@bruecke10

Brücke 10

Fischbrötchen's coming home! Dass die vielleicht besten Fischbrötchen der Stadt ausgerechnet auf einem der schwimmenden
Pontons der Landungsbrücken verkauft werden, ist schon ein wenig
erstaunlich, aber natürlich ein Glücksfall. Denn wo könnte man die
knackigen Brötchen, die ohne viel Schnickschnack daherkommen,
dafür aber reichlich mit frischem Matjes, Bismarck-Hering, Backfisch, Stremellachs, Brathering, Rollmops, Makrelenfilet oder
Nordseekrabben belegt sind, besser genießen als hier, direkt am
Wasser, zwischen Schleppern und Möwen, mit Blick auf die
berühmten Docks von Blohm & Voss, während die Wellen an die
Pontonwand klatschen? Der Imbiss trägt kurzerhand den Namen
der Brücke, an der er sich befindet: der zehnten und westlichsten
Landungsbrücke am Hafen. 2012 übernahmen die jetzigen Betreiber
die berühmte Fischbrötchenbude, die schon einige Jahre auf dem
Buckel hatte, und machten sie fit fürs 21. Jahrhundert. Und zum
Glück verrieten die Vorbesitzer ihnen ihr Geheimnis: wie man
dafür sorgt, dass die Brötchen immer so schön kross sind. Heute
kümmert sich eine 30-köpfige Crew um das Wohl der Gäste und
erledigt nebenbei auch noch das Catering, denn die Brücke 10
versorgt längst auch Sportevents, Messen und andere Veranstaltungen mit ihren leckeren Produkten. Bei „Schietwetter" kann man
die Fischbrötchen übrigens auch im Inneren des Lokals genießen,
an rustikalen, weiß gebeizten Tischen, dabei ein Astra oder einen
Pott Kaffee. Bei Sonnenschein lockt das „Oberdeck" auf dem
Dach des Lokals mit weiteren Sitzmöglichkeiten. Übrigens hat die
Brücke 10 noch zwei Ableger: einen direkt am Elbstrand, beim Alten
Schweden, und einen am südlichen Ende des Alten Elbtunnels.

Küche Fischbrötchen | **Preise** €
Tipp von der Karte Matjes-Brötchen

St. Pauli
Neuer Kamp 13
20359 Hamburg
(040) 35708621
under-docks.de
@underdocks_hamburg

Underdocks

„Fischbrötchen de luxe" – so könnte man das Konzept des Underdocks am Rande von St. Pauli auf den ersten Blick vielleicht nennen. Doch sobald man probiert hat, was einem das Team hier auf den Teller zaubert, kommt einem diese Bezeichnung fast schon etwas tiefgestapelt vor. Hier wird ein zentraler hanseatischer Food-Klassiker mithilfe kreativer Kombinationen von frischen Zutaten auf ein ganz neues Level gehoben. Für ihr Konzept der „Fischbude 2.0" wurden Burhan Schawich und Samet Kaplan vom Bundeswirtschaftsministerium als „Kultur- und Kreativpiloten" ausgezeichnet, und sie erhielten den „Deutschen Gastro-Gründerpreis 2018" – mit Fug und Recht, denn das Konzept des Lokals der beiden Hamburger Jungs ist genauso innovativ, wie das Essen lecker ist. Dreh- und Angelpunkt der Karte sind die Fischbrötchen, von „Pulled Lax Roll" mit Avocado-Salsa und BBQ-Sauce über „Sardinen Roll" mit frittierten Sardinen im Maismantel bis hin zur „Crayfish Roll" mit Flusskrebsfleisch und Ananas. Das perfekte außen knusprige und innen softe Vehikel dafür ist ein Sesam-Baguettebrötchen, das entgegen jeder Fischbrötchen-Konvention oben aufgeschnitten und an den Seiten geröstet wird. Puren Luxus bietet die „Lobster Roll", die wirklich unverschämt lecker ist und einmal mehr unter Beweis stellt, warum der Hummer als König des Seafood gilt. Genauso empfehlenswert: die Fischtacos und „Crunchy Backfisch & Chips" mit hausgemachter Remoulade. Die ultimative Beilage sind die „Dirty Tiger Loaded Fries" – zweimal gebackene Bratkartoffeln mit Garnelen, Jalapeños, roten Schmorzwiebeln und mit Käse überbacken. Alles hier ist zu hundert Prozent hausgemacht, und das schmeckt man auch. Ein echter Gewinn für die Szene!

Küche Fischbrötchen de luxe | **Preise** €–€€
Tipps von der Karte Pulled Lax Roll, Lobster Roll, Loaded Fries

Altstadt
Steinstraße 15a
20095 Hamburg
(040) 32525795
danielwischer.de
@danielwischer

Daniel Wischer

Traditioneller als Daniel Wischer geht es kaum – das kann man schon an dem wunderbaren Art-déco-Firmenschild erkennen, das über dem Eingang prangt: Die „Fischbratküche" im Parterre eines historischen Kontorhauses ist eine echte Hamburger Institution und besteht seit fast 100 Jahren. Und genauso traditionell wie dieses Lokal ist die Speisekarte, die sich über Jahrzehnte kaum verändert hat – und warum sollte sie das auch? Pannfisch, Finkenwerder Scholle mit Speck oder Grüne Heringe sind nun einmal Klassiker, genau wie die Fassbrause, die eigens für Daniel Wischer aus Äpfeln und Malz gebraut wird und einen direkt in die „gute alte Zeit" transportiert. Und zum Dessert? Selbstverständlich original Hamburger Rote Grütze mit Vanillesoße! 1924 eröffnete Daniel César Hugo Wischer in Cuxhaven einen Fischgroßhandel und noch im selben Jahr sein erstes Restaurant, in der Lincolnstraße auf St. Pauli. Vier Jahre später kam eine weitere Filiale hinzu, in der Spitalerstraße in der Innenstadt. Diese beiden existieren heute nicht mehr, aber Daniel Wischer macht weiter, hier in der Steinstraße und in einer weiteren Dependance am Rathaus (Große Johannisstraße 3). Von Anfang an setzte man auf günstige Preise – Bratfisch mit Kartoffeln, das war auch in der schwierigen wirtschaftlichen Lage der 20er-Jahre für jeden erschwinglich. Damit zugleich auch die Qualität stimmt, sind noch heute alle Speisen hausgemacht, in einem eigenen Betrieb am Fischmarkt. Hier werden fast 500 kg frischer Fisch pro Tag verarbeitet, und auch die Panade für den Pannfisch und der leckere Kartoffelsalat werden hier täglich frisch zubereitet.

Küche Fisch, hanseatisch | **Preise** €–€€
Tipp von der Karte Goldbarsch mit Kartoffelsalat

St. Pauli
Neuer Pferdemarkt 16
20359 Hamburg
(040) 4322484
la-sepia.de
@la_sepia_hamburg

La Sepia

Nirgends duftet es so köstlich nach Knoblauch und frischen Meeresfrüchten vom Grill wie im La Sepia. Vor fast 40 Jahren als Familienbetrieb gegründet, zählt das La Sepia zu den wichtigsten Konstanten unter den portugiesischen Spezialitätenrestaurants in Hamburg. Im alten Lokal am Schulterblatt haben wir bereits zu Studentenzeiten gern gegessen und gefeiert, denn das La Sepia war schon immer bekannt für gnadenlos gutes und wirklich frisches Seafood zu sehr fairen Preisen. Inzwischen ist das Restaurant umgezogen, aber nur ein paar hundert Meter weiter, an den Neuen Pferdemarkt. Die Gerichte sind dabei größtenteils die gleichen geblieben und lecker wie eh und je. Einige sind solche Dauerbrenner, dass sie bestimmt schon seit Jahrzehnten auf der Karte stehen: der in Olivenöl und Knoblauch marinierte Pulpo zum Beispiel oder auch die gemischte Fischplatte vom Grill und die Cataplana, ein schonend gegarter Fischeintopf. Bei diesen Klassikern merkt man einfach, dass in der Küche waschechte Portugiesen am Herd stehen. Viele Mitarbeiter halten dem Restaurant schon von Anfang an die Treue, das sorgt eben auch für eine konstante Qualität auf dem Teller. Nichtsdestotrotz geht das La Sepia auch mit der Zeit, und deshalb gibt es – ganz im Sinne der Seefahrertradition Portugals – inzwischen auch einige internationale Gerichte auf der Karte, z. B. eine sehr leckere Ceviche-Variante. Besonders empfehlen können wir den Meeresfrüchtespieß vom Grill. Dazu braucht man eigentlich nur noch eine Portion vom frischen Hausbrot und einen ordentlichen Schlag von der besten Aioli der Welt, und wir sind *satisfeito*! *Obrigado e continue assim*, liebes La Sepia!

Küche Portugiesische Küche | **Preise** €€–€€€
Tipps von der Karte Brot und Aioli, Oktopus in Öl, Misto Peixe i Marisco

Das Portugiesenviertel

Das Hamburger Portugiesenviertel, zwischen dem östlichen Ausgang der U- und S-Bahn-Station Landungsbrücken und der Michelwiese, ist eine Attraktion für alle, die gerne die mediterrane Küche genießen. Vor rund sechzig Jahren wurden von der Bundesregierung erstmals in großem Stil „Gastarbeiter" angeworben, die dann zumeist als Angelernte in der Industrie tätig waren. Nach Hamburg kamen damals besonders viele Portugiesen, die dann im Hafen arbeiteten und in angegliederten Bereichen, beispielsweise als Segelmacher oder Seiler. Portugal ist nicht nur eine Seefahrer-, sondern auch eine Auswanderernation – Schätzungen zufolge leben heute genauso viele Portugiesinnen und Portugiesen im Ausland wie in Portugal. Viele der im Hafen tätigen Migranten siedelten sich in den alten Häusern hier im Quartier unterhalb des Venusbergs an, und selbstverständlich brachten sie ihre Küche mit. Schon bald eröffneten die ersten Auswanderer eigene Lokale, in denen sie ihre Landsleute mit den Speisen und Getränken der Heimat verköstigten. Heute ist das Portugiesenviertel vor allem das: eine Ansammlung portugiesischer Restaurants und Cafés (zugegeben, der eine oder andere Italiener und Spanier ist auch darunter), die mit ihrem mediterranen Flair nicht nur Touristen, sondern auch viele Einheimische anlocken. Nirgendwo sonst in Deutschland gibt es so viele iberische Lokale auf so kleinem Raum. Die Küche hier ist naturgemäß sehr fischlastig, und einige der besten Fischgerichte gibt es im **Restaurante Porto** (Ditmar-Koel-Straße 15) und im **Das Nau** nebenan, die beide denselben Betreiber haben. Bunte Tapas-Teller für zwei in mehreren Varianten, auch vegetarisch, gibt es im **Olá Lisboa** (Ditmar-Koel-Straße 18). Dass die portugiesische Küche nicht nur herzhaft kann, sondern auch exzellente Backwaren zu bieten hat, beweist **Coffee & Cakes** (Ditmar-Koel-Straße 8) – hier gibt es zum Galão neben den berühmten Puddingtörtchen Pasteis de Nata noch viele weitere portugiesische Gebäckspezialitäten.

Burger, was sonst?

Elmsbüttel
Karolinenstraße 2
20357 Hamburg
(040) 46007663
dulfsburger.de
@dulfsburger

Dulf's Burger

Bei Dulf's Burger ist alles hochwertig und handgemacht. Für die Patties wird täglich Rindfleisch von Höfen angeliefert, in denen die Tiere unter besonders artgerechten Bedingungen gehalten werden, mit viel Platz im Stall und natürlichem Futter. Das Fleisch wird im Haus frisch durch den Fleischwolf gedreht und per Hand zu Burger-Patties geformt, die auf Lavasteinen gegrillt werden. Die Burgerbrötchen – das klassische Sesam-Bun, Ciabatta oder Brioche – werden ebenfalls per Hand geformt und vor Ort gebacken. Die Zutaten, mit denen die Burger garniert werden, sind genauso hochwertig und werden komplett frisch zubereitet. Selbst bei den Saucen kommen keine Industrieprodukte zum Einsatz: Die Rucola Mayo wird bei Dulf's mit echtem Rucola zubereitet, die Blue Cheese Mayo mit echtem Blauschimmelkäse. All das zusammen ergibt einige der leckersten Burger in der Hansestadt, vom simplen Cheeseburger bis hin zur „Kreatur", einem wahren Monster mit drei großen Beef Patties, Spiegelei, Bacon, Mozzarella, Cheddar, Guacamole, karamellisierten Zwiebeln und vier verschiedenen Saucen, die erstaunlich gut miteinander harmonieren. Wer möchte, kann sich seinen Burger auch komplett selbst zusammenstellen, und alle Burger erhält man auf Wunsch mit einem veganen Patty von Beyond Meat oder einem Wagyu-Rindfleisch-Patty. Die Beilagen, von Mac & Cheese über Onion Rings bis Poutine, lassen keine Wünsche offen. Wer jetzt immer noch nicht satt ist, sollte einen der aufwendigen „Freakshakes" probieren. Neben der ältesten Filiale am Rande des Karoviertels gibt es noch zwei weitere, in Winterhude und in Eimsbüttel. Der nächste Dulf's ist also garantiert nicht weit.

Küche US-amerikanisch | **Preise** €–€€
Tipps von der Karte Dulf's BBQ Burger, Die Kreatur

Altstadt
Alter Fischmarkt 3
20457 Hamburg
(040) 34994866
brooklynburgerbar.de
@brooklynburgerbarhh

Brooklyn Burger Bar

Dieses gemütliche Burger-Restaurant ist eine echte Perle. Die
Idee dazu, ein eigenes Lokal zu eröffnen, kam den Gründern Jan
und Steffen in den USA, genauer: in New York, auf einer Brücke
zwischen Brooklyn und Manhattan. Zurück in Hamburg machten sie
sich auf die Suche nach einer passenden Location und fanden
sie in der Altstadt, in einer leerstehenden alten Apotheke gegenüber vom Domplatz. Dass sie ihre Gäste mit Burgern glücklich
machen wollten, war den beiden von vornherein klar. Dass sie
damit so großen Erfolg haben, liegt einerseits an der authentischen
Atmosphäre, die die Brooklyn Burger Bar auszeichnet, aber
genauso an den ausgefallenen Rezepten für die Burger, die mit
Hackfleisch aus artgerechter Haltung, selbst gebackenen Brötchen
und frischen Zutaten ohne Konservierungsstoffe zubereitet werden.
Neben den Klassikern finden sich auf der Karte ein „Pulled Pork
Burger" mit Rotwein-Zwiebel-Marmelade, „The Sloppy One", ein
Cheesburger mit Chili con Carne, der „Truffeled Bacon & Cheese"
mit Bacon, Bergkäse und Trüffelmayonnaise oder „The Hangover"
mit Spiegelei. Alle Burger gibt es auch in der „Monster-Version"
mit doppeltem Patty und Käse oder in der „Skinny-Version" mit
Salatbeilage statt Brötchen – ideal für alle Low-Carb-Fans. Als
Beilage empfehlen sich unter anderem Süßkartoffel-Fritten mit
Ranch-Dip und „Pimientos de Padron", sehr leckere gegrillte
Mini-Paprikaschoten. Ganz stilecht trinkt man dazu ein IPA aus
Brooklyn oder gönnt sich einen der fachmännisch gemixten
Cocktails, wie „Brooklyn Sour" oder „The Get Down". Der „New York
Oreo Cheesecake" mit Himbeer-Thymian-Püree bildet den perfek-
ten Abschluss des Kurztrips nach Brooklyn. *Enjoy!*

Küche US-amerikanisch | **Preise** €€
Tipp von der Karte The Sloppy One

St. Pauli
Clemens-Schultz-Straße 40
20359 Hamburg
(040) 33452906
grilly-idol.de
@ @grillyidol

Grilly Idol

Burger und Fritten – wer das sucht, ist bei Grilly Idol goldrichtig.
Das Lokal selbst versprüht rustikalen Hipster-Charme, der einfach
gut zu St. Pauli passt, mit schlichten Holztischen und -stühlen
und tief hängenden Industrielampen. Bevor sie ihr Restaurant
eröffneten, testeten die Macher ihre Skills am Grill eine ganze
Weile im Hinterhof des legendären Molotow-Clubs. Die Burger bei
Grilly Idol sind allesamt exzellent, mit frischen Zutaten und Bio-
Rindfleisch. Es gibt diverse Varianten, vom einfachen Hamburger
bis zum „Guacagrilly Burger" mit hausgemachter Guacamole,
roten Zwiebelringen, Rucola und Crème Fraîche. Fast alle Burger
gibt es auch vegan, dann mit einem Patty aus schwarzen Bohnen
oder aus Soja statt Rindfleisch. Um den Burger zusätzlich zu
„veredeln" (so die Karte), kann man noch ein paar Burger-Toppings
extra bestellen, z. B. Schmelzzwiebeln, Jalapeños oder auch
veganen Bacon. Und dazu? Selbstverständlich Pommes frites,
entweder ganz normal, als Süßkartoffel- oder Chili-Cheese-Fritten
oder in der Variante „Sloppy" (u. a. mit Feigensenf, frischen
Zwiebeln und saurer Gurke). Dazu stehen mehrere hausgemachte
Saucen zur Verfügung, von der „Chipotle-Mayo" bis zur „Blue-
cheese-Cream". Als Beilage sehr empfehlenswert ist auch der
Krautsalat mit gerösteten Erdnüssen und Cranberries, und zum
Herunterspülen eignet sich wunderbar eine der hausgemachten
Limonaden, wie Himbeere-Thymian oder Johannisbeer-Minze,
oder ein Craft-Bier, z. B. ein schön hopfiges IPA von Brew Dog
oder Superfreunde. Alles in allem ist Grilly Idol ein quirliges Lokal,
das auch für Menschen, die sich vegetarisch oder vegan ernähren,
viel zu bieten hat.

Küche Burger | **Preise** €–€€
Tipps von der Karte Bluecheese Burger, Schwarze-Bohnen-Patty

Sternschanze
Lagerstraße 34b
20357 Hamburg
(040) 33442110
bullerei.com/#deli
@bullerei

Bullerei Deli

Die Bullerei, das Gourmetrestaurant für Fleisch-Fans, das Tim Mälzer 2009 mit seinem Geschäftspartner Patrick Rüther im Hamburger Schanzenviertel eröffnete, ist längst überregional berühmt. Weniger bekannt ist ihre „kleine Schwester", das Bullerei Deli. Im vorderen Bereich desselben Gebäudes, eines urigen Backsteinbaus an der Schanzenstraße, untergebracht, kommen hier ein paar deftige Leckereien auf den Tisch, für die Mälzer ebenfalls verantwortlich zeichnet, für die die Gäste aber weniger tief ins Portemonnaie greifen müssen als für die Kreationen in der „großen" Bullerei nebenan. Während jene erst abends ihre Pforten öffnet, kann man im Deli schon ab 12:00 Uhr essen, und man muss hier auch nicht unbedingt vorher reservieren, sondern kann spontan sein Glück versuchen. Das Ambiente ist hier wie dort zwanglos – den Tresen des Deli beleuchten zu Hängelampen umfunktionierte Industriescheinwerfer, man sitzt unter Lampiongirlanden auf Holzstühlen an groben Holzbänken, Astra und Craft-Biere stillen den Durst. Die schön übersichtliche Karte bietet stets mehrere deftige Köstlichkeiten, die immer wieder einmal wechseln, aber zwei Fixpunkte sind immer dabei: die Spaghetti mit der wunderbaren Bolognese-Sauce und der „Bullerei Burger" – ein 180-Gramm-Rindfleischpatty, garniert mit roten Zwiebeln, Gewürzgurken, Tomate, Coleslaw, Cheddar, Bacon und Mälzers spezieller Burgersauce, serviert im getoasteten „Soft-Bun". Der Burger ist extrem lecker, genau wie die Pommes frites als Beilage, die man sich im Winter wahlweise durch delikat-knusprige Grünkohlchips ersetzen lassen kann.

Küche deftig | **Preise** €€
Tipp von der Karte Bullerei Burger

Barmbek-Süd
Weidestraße 85
22083 Hamburg
(040) 18073274
kohldampf-mampf.de
@kohldampf_mampf

Kohldampf

Ein Wohngebiet in Barmbek ist nicht gerade der typische Standort für einen hippen Burger-Laden, möchte man meinen. Irrtum: Die beiden Brüder Amir und Mehran, die das Kohldampf betreiben, sind echte Barmbeker Jungs – Ehrensache, dass sie ihren Traum vom eigenen Lokal nicht in der Schanze oder auf St. Pauli verwirklicht haben, sondern hier, in der eigenen Nachbarschaft. Täglich ab 12 Uhr gibt es Burger satt, und was für welche! Bei jedem Bissen schmeckt man, wie frisch die Zutaten sind. Das Rindfleisch kommt von Höfen aus Mecklenburg-Vorpommern, und das Fleisch vom Schwäbisch-Hällischen Landschwein muss sieben Stunden garen und 24 Stunden ruhen, bevor es zu Pulled Pork verarbeitet wird. Die gläserne Küche sorgt im Kohldampf für Street-Food-Feeling auch ohne Food Truck. Neben den großzügig belegten Burgern, die medium, auf Wunsch aber auch *well done* gegrillt werden, und diversen Sandwiches hat man auch bei den Fritten die Qual der Wahl – und die „Frittenbomben" machen sogar richtig satt, zum Beispiel die „Philly Cheese Fries" mit Steakstreifen und gebratenen Champignons oder die Fritten mit Pulled Pork, Röstzwiebeln und BBQ-Sauce. Außerdem haben die Brüder unter dem Motto „German Bites" auch noch Currywurst und Schnitzel mit Pommes im Programm – beides wird wieder mit dem leckeren hausge-machten Coleslaw serviert. Ganz ohne US-Einfluss geht es eben nicht. Aber keine Angst, auch wer kein Fleisch essen möchte, ist hier gut aufgehoben, es gibt nämlich leckere vegane Optionen: Neben einem Burger mit mediterranem Grillgemüse bereichert ein Sandwich mit Pulled Jackfruit, veganem Parmesan, gebratenen Zwiebeln und Trüffelmayo die Karte. So lecker kann Barmbek sein.

Küche California Streetfood | **Preise** €–€€
Tipp von der Karte Der Farmer

Food Trucks

Seit einigen Jahren sind sie aus der Gastro-Szene nicht mehr wegzudenken: Food Trucks, mobile Küchen im Lieferwagen, die direkt aus dem Seitenfenster ihre Speisen verkaufen. Gerade für angehende Gastronominnen und Gastronomen sind sie eine gute Gelegenheit, ihr Können unter Beweis zu stellen, ohne gleich ein ganzes Restaurant anmieten zu müssen. Besonders spannend wird es, wenn sich mehrere Food Trucks treffen, wie regelmäßig auf dem Spielbudenplatz bei **Food & Friends.** Noch lebhafter geht es dann dort im Herzen von St. Pauli zu, wenn das **Food Truck Festival** stattfindet, mit mehr als 30 Anbietern aus dem In- und Ausland. Ganz ähnliche Veranstaltungen sind der norddeutsche **Food Truck Market** auf dem Wandsbeker Marktplatz und das vielfältige **Food Truck Village**, das immer auf dem Vorplatz der Messehallen entsteht, wenn die große Gastronomie-Messe Internorga tagt. Ansonsten kann man die Food Trucks aber natürlich auch an vielen anderen Orten in der Stadt antreffen, ob auf Wochenmärkten, am Rande von Veranstaltungen oder einfach so. Das Angebot ist dabei unglaublich vielfältig. Zu den etablierteren Akteuren der Szene zählt **Luke's Outback Burger**, der authentische australische Burger verkauft, die mit frittierten Zwiebeln und einer hausgemachten Spezialsauce serviert werden. Der Food Truck der **Burristas** hat herrliche mexikanische Burritos im Angebot, mit Fleisch, vegetarisch oder vegan. **Barts Frying Dutchman** serviert neben Burgern mehrere leckere Pommes-frites-Varianten, wie „Sloppy Joe Fries" mit Hackfleischsauce oder „Poutine", das kanadische Nationalgericht. Und bei **Ruths Pötte** gibt es „Hausmannskost to go": diverse Eintöpfe, aber auch ganz hervorragendes Kartoffelpüree, entweder mit Hackbällchen und Bratensauce, mit Kichererbsen und Ziegenfrischkäse oder mit Grünkohl und Kohlwurst. Lust auf Süßes? Dann sollte man nach dem Food Truck vom **Kandie Shop** Ausschau halten, der unter anderem leckere Waffeln unter die Leute bringt.

Rund ums Mittelmeer

Winterhude
Sierichstraße 42–44
22301 Hamburg
(040) 2700620
partyservice-hamburg.de
@mangia_e_bevi_hamburg

Mangia e Bevi

Im Mangia e Bevi fühlt man sich eigentlich schon beim zweiten
Besuch wie ein Stammgast, und beim dritten gehört man quasi zur
famiglia, so herzlich empfangen und umsorgen einen die beiden
Chefinnen: Mamma Sonja und Tochter Nina betreiben ihr Lokal seit
fast 30 Jahren wirklich mit Herzblut und mit sehr viel Gastfreund-
schaft. Die allermeisten Gäste dürften zum Stammpublikum
zählen, und viele von ihnen sind auch einfach direkte Nachbarn und
Anwohnerinnen in der Sierichstraße. Dennoch ist es hier angenehm
entspannt und geht nicht ganz so „schickimicki" zu wie drüben
am Mühlenkamp. Außerdem kommen immer mehr junge Leute ins
Mangia e Bevi, weswegen sich die Chefinnen schon mehrfach ganz
bewusst gegen eine (eigentlich längst überfällige) Preiserhöhung
entschieden haben. Dass sich das Ristorante aus einem Delikates-
sengeschäft mit Cateringbetrieb heraus entwickelt hat, sieht man
heute noch an der riesigen Auswahl an Antipasti in der großen
Theke. Alle Speisen sind wirklich unglaublich lecker, aber ganz
besonders gut schmecken uns der Fischeintopf und die Garnelen-
spieße (perfekt abgeschmeckt mit der optimalen Menge Knoblauch). Die Pastagerichte sind sowieso alle empfehlenswert, aber
die Carbonara ist legendär und auch die Pasta-Meeresfrüchte-
Varianten sind zu Recht sehr beliebt. Falls man mal ohne Hunger
vorbeikommt, eignet sich das Mangia e Bevi auch ganz wunderbar,
um bei ein paar Aperol zu versacken, und eigentlich hat auch
immer irgendwer im Lokal grade irgendetwas zu feiern, wenn man
lange genug wartet. Wir fühlen uns im italienischen Teil der Sierichstraße jedenfalls sehr zu Hause und freuen uns schon auf den
nächsten Besuch!

Küche italienisch | **Preise** €€
Tipp von der Karte Fischeintopf

Eilbek
Wandsbeker Chaussee 47
22089 Hamburg
(040) 256562
dietaverne-hh.de
@ @dietaverne.hh

Die Taverne

Die Taverne in Eilbek ist ein ganz klassischer Familienbetrieb: Das Ehepaar Anastasia und Babis führen das Restaurant gemeinsam mit ihrem Sohn Iordanis. Babis zaubert in der Küche, und Mutter und Sohn übernehmen den Service. Die (Stamm-)Gäste kommen meist direkt aus der Nachbarschaft und wissen die authentische und schnörkellose Küche zu schätzen und sicherlich auch den obligatorischen Ouzo, den es zur Begrüßung und zur Verabschiedung/Verdauung (und gerne auch mal dazwischen) aufs Haus gibt. Obwohl man in der Taverne die typischen griechischen Klassiker vom Grill (Gyros, Souvlaki und Bifteki) findet, sind es doch die hierzulande nicht ganz so bekannten griechischen Spezialitäten, die uns in der Taverne am allerbesten schmecken. Das Stifado, ein Schmortopf mit vielen Zwiebeln und Rindfleisch, ist zum Beispiel ein Gedicht, und auch die vielen verschiedenen Vorspeisen, die man wunderbar kombinieren und als Mezedes-Platte auch als Hauptgericht essen kann, sind äußerst schmackhaft. Wir finden sowieso, dass die griechische Küche in Deutschland viel zu sehr auf die Fleischgerichte reduziert wird. Wer braucht schon einen Berg Gyros, wenn man so fein zubereitete Sardinen und Calamares, Doraden und Garnelen haben kann? Babis kocht ausschließlich mit frischen Kräutern und viel bestem Olivenöl und ohne Geschmacksverstärker. Es gibt täglich wechselnd eine kleine Extra-Karte mit Spezialitäten, die sich nach dem regionalen Angebot richten, Konserven sucht man in Babis' Küche vergeblich. Deshalb gibt es auch nur selten die beliebten gefüllten Weinblätter, die kommen nämlich in den meisten Lokalen aus der Büchse. Babis macht die lieber frisch, aber eben nur, wenn er an frische Weinblätter kommt.

Küche griechisch | **Preise** €–€€
Tipps von der Karte Stifado, Mezedes

Uhlenhorst
Winterhuder Weg 65
22085 Hamburg
(0162) 3230003
focacceria-apulia.com
@ @focacceria_apulia

Focacceria Apulia

Benvenuto en piccola Puglia! Seit 2018 gibt es auf der Uhlenhorst authentische Focaccia wie in Apulien. Andrea und Raimondo sind eigentlich Anwälte, waren sich aber irgendwann einig, dass sie den Job nicht bis ans Lebensende machen wollten. Sie beschlossen, sich außerhalb Italiens eine neue Existenz aufzubauen – statt Barcelona, Kopenhagen, Oslo und London zog dann ausgerechnet Hamburg das große Los. Was für ein Glück! Schuld daran ist zweierlei: ein Freund, der schon länger in Hamburg lebt, und die Tatsache, dass man hier nirgends eine gute Focaccia bekam. („Auch gute Pizza war hier damals echte Mangelware", erzählt Andrea, aber da hat sich den letzten zwei bis drei Jahren zum Glück einiges getan.) Der Sauerteig für die Focacce muss 48 Stunden gehen und dabei immer wieder gut durchgeknetet werden. Er wird mit hochwertigem Olivenöl versetzt und später nur mit original apulischen Bio-Zutaten belegt. So entsteht ein echt italienischer Hochgenuss, der mit dem Besuch bei einem am deutschen Publikum orientierten „Standard-Italiener" wenig gemein hat. Nach einer Leckerei von der Antipasti-Karte genügen als Hauptgericht zwei Focaccia-Varianten – oder aber der „Focaccia Burger" oder die „Tagliere", eine frisch aus Italia importierte Käse- und Schinken-auswahl mit Focaccia-Brot. Es gibt auch eine gute Auswahl an vegetarischen und veganen Optionen, und dazu kommt der charmante Andrea, der sich rührend um seine Gäste kümmert. Anfang 2020 wurde der kleine Laden deutlich vergrößert, nun finden noch mehr Gäste im schicken Innenraum und auf der Terrasse Platz. Wenn sich die fantastischen Focacce weiter herumsprechen, wird wohl bald wieder angebaut werden müssen.

In the displayed menu board:

CAFFETTERIA

RESSO	2.00
'NO	2.70
CHIATO	3.30
	2.30
DOPPIO	2.80
HAFER SOJA LAKTOSEFREI	+0.50
TEE	

Küche italienisch/apulisch | **Preise** €–€€
Tipps von der Karte Tagliere Prosciutti e Formaggi, Focaccia Barese, Focaccia Romana

Groß-Borstel
Gert-Marcus-Straße 10
22529 Hamburg
(040) 88889895
le-marrakech.squarespace.com
@le.marrakech

Le Marrakech

Dieses Restaurant ist wirklich einmalig: Ein Einrichtungshaus, das seit zwei Jahrzehnten für seine orientalischen Fliesen berühmt ist und zugleich eine wunderbare arabische Küche anbietet – das klingt zunächst wie der Fiebertraum eines IKEA-Angestellten im Maghreb-Urlaub. Wenn man dann aber die hohen Räume des in einem alten Lokschuppen untergebrachten Le Marrakech betritt, ist alles noch viel eindrucksvoller, als es sich hier mit knappen Worten beschreiben lässt. Man begibt sich buchstäblich in eine andere Welt, und die ist mit so viel Geschick gestaltet, dass sie immer wieder als Hintergrund für Foto-Shootings großer Magazine dient. Die Gäste sitzen unter einem Meer orientalischer Lampions und zwischen unzähligen importierten Wohnaccessoires, die man alle käuflich erwerben kann. Wenn dann die Speisen auf den mit Keramik-Mosaiksteinen verzierten Tisch kommen, wird der Besuch endgültig zum Fest für alle Sinne. Allein schon der Minz-Joghurt-Dip zum vorweg servierten Fladenbrot ist ein kleines Highlight. Die Vorspeisen wie frittierte Couscousbällchen, Taboulé oder gefüllte Filoröllchen sind ebenso lecker wie authentisch, und als Hauptgang locken mehrere raffinierte Gerichte aus der Tajine, dem berühmten nordafrikanischen „Dampfkochtopf", zum Beispiel Lachs in marokkanischer Chermoula-Marinade oder Lammhaxe mit Pflaumen, Aprikosen und Curry. Wer es vegetarisch mag, ist eben-falls bestens bedient: Das „Veggie-Trio" ist genauso zu empfehlen wie die „Falafel-Bowl" mit Couscous, Rote-Bete-Hummus und Tahina-Dressing. Die erstklassig zubereiteten Gerichte basieren auf traditionellen Rezepten, haben aber zugleich einen modernen Touch.

Küche marokkanisch | **Preise** €€
Tipps von der Karte Lamm Tajine, Falafel Bowl

HafenCity
Osakaallee 12
20457 Hamburg
(040) 555575442
nenihamburg.de
@neni.hamburg

NENI

Der Name NENI setzt sich aus den Anfangsbuchstaben der Namen Nuriel, Elior, Nadiv und Ilan zusammen. Das sind die Söhne der israelischen Gastronomin Haya Molcho. Mit ihren drei ältesten Söhnen betreibt Molcho, die 2021 vom Falstaff Restaurantguide für ihr Lebenswerk ausgezeichnet wurde, mehrere Restaurants. Das NENI in der HafenCity ist ein ganz besonderer kulinarischer Spot für alle Fans der Küche Israels, des Nahen Ostens und des östlichen Mittelmeerraums – „kosmopolitisches Soul Food" nennt die Inhaberin ihre Gerichte. Ihr Anspruch, eine unprätentiöse gehobene Küche anzubieten, die auf das gemeinsame Erleben im Kreis von Freunden und Familie setzt, wird hier voll und ganz eingelöst.
Die Mezze, eine Reihe klassischer nahöstlicher Vorspeisen von Tulum-Zigarren bis Babaganoush, sind bereits so lecker, dass man aufpassen muss, sich nicht vor dem Hauptgang satt zu essen. Denn dann verpasst man möglicherweise Hauptgerichte wie Hähnchen-Schawarma mit gerösteten Zwiebeln, karamellisierte Auberginen, Hamshuka mit Lamm- und Rinderhack oder Kebab mit Frikkeh – bekannte Standards aus dem Nahen Osten, die mit raffinierten Aroma-Kombinationen auf ein neues Level gehoben werden. Ein Highlight ist „Elior's Pulled Beef Burger" – in Ahornsirup geschmortes Rindfleisch wird auf einem Brioche-Brötchen mit Cheddarkäse, BBQ-Sauce, eingelegten Peperoni und frischen Kräutern serviert. Wer sich einmal quer durch die Karte kosten möchte, der bestelle „Best of Neni" (eignet sich für zwei bis drei Personen). Dann kommen nacheinander mehrere Etageren mit Häppchen von diversen Mezze, Hauptgerichten und Desserts auf den Tisch. Eine geniale Idee, die Nachahmer sucht!

Küche nahöstlich | **Preise** €€–€€€
Tipp von der Karte Best of Neni

Uhlenhorst
Armgartstraße 7
22087 Hamburg
(040) 18100757
spanische-treppe.com
@spanische_treppe

Spanische Treppe

Dass sie ihr spanisches Tapas-Restaurant ausgerechnet nach einem der Wahrzeichen der italienischen Hauptstadt benannt haben, sieht man den Betreibern gerne nach, wenn man hier am Fuße der historischen Mundsburger Brücke direkt am Kanal Platz genommen hat und den unerhört malerischen Blick auf die Schwanenwikbrücke und die Außenalster genießt – vor allem im Sommer, wenn langsam die Sonne untergeht. Dann herrscht hier ein richtig mediterranes Feeling. Und dazu passen perfekt die Tapas, die die Küche serviert, denn die sind größtenteils authentisch spanisch und allesamt hervorragend zubereitet. Ob gratinierter Ziegenkäse mit Rosmarin und Honig, Datteln und Pflaumen im Speckmantel, Babytintenfische und Gambas in Knoblauch und Olivenöl, Chorizo in Rotwein oder „Pimientos del Padrón", kleine galizische Paprikaschoten mit Meersalz – Fans der spanischen Küche sind hier bestens aufgehoben. Es gibt aber auch ein paar ebenso leckere Tapas-Varianten, die einen maghrebinischen Einschlag haben, wie die „Pinchos de Marroquí"-Lammspieße, die „Marrokkanischen Zigarren" und mehrere kleine Schmorgerichte aus der Tajine. Die kleine, aber feine Weinauswahl kann sich ebenfalls sehen lassen; der Tempranillo-Rosé vom Bio-Weingut Dominio de la Fuente passt zu fast allen Tapas-Varianten. Und zum krönenden Abschluss locken unter anderem die galizische Mandeltorte „Tarta de Santiago" und der spanische Dessert-Klassiker schlechthin: „Crema Catalana", wie alles hier hervorragend zubereitet. So viele iberische Köstlichkeiten mit frischen Zutaten am Fuße einer ausladenden historischen Freitreppe – wenn dies keine „spanische Treppe" ist, was dann?

Küche spanische Tapas | **Preise** €–€€
Tipps von der Karte Boquerones, Ziegenkäse Apfel -Chutney

Pizza wie in Neapel

Pizzerien gibt es natürlich viele in der Hansestadt, ganz abgesehen von den italienischen Restaurants, die neben Pasta auch Pizza auf ihrer Karte haben, und den zahlreichen Lieferdiensten. Aber eine authentische Pizza nach der Art, wie sie in Neapel gebacken wird, mit besonders dünnem, knusprigem Boden, bekommt man nur selten. So zum Beispiel bei **Jill** (Bartelsstraße 12) im Schanzenviertel. Nach althergebrachtem Rezept muss der Teig mehrere Tage gären, um dann, lecker belegt, gerade einmal 60 Sekunden lang in dem riesigen Holzofen bei fast 500 °C auszubacken. Ihren Ofen, der ganz prominent mitten im Gastraum steht, hat die Besitzerin eigens aus Neapel importiert. Ein Tipp von der Karte: Pizza Sorrento mit Fior di Latte, Minze, Ricotta und Bio-Zitronen.

Bei **Spezzagrano** (Fuhlsbüttler Straße 300) steht Martin Sadirov am Herd, der mehrere Jahre in Küchen in und um Neapel tätig war, bevor er sich in Barmbek niederließ. Neben den Klassikern kann man hier auch Pizza mit Spankferkel oder mit Kürbiscreme und Gorgonzola probieren. Dabei hat Sadirovs Ofen noch mehr zu bieten als Pizza: Er bäckt auch sehr leckeres Weizenbrot aus den besonders bekömmlichen antiken Getreidesorten Russello, Timilia und Margherito, das man sich für zu Hause einpacken lassen kann.

Von italienischen Zulieferern kommen auch die Zutaten für die neapolitanische Pizza bei **Tazzi** (Rendsburger Straße 14) auf St. Pauli. Die hausgemachte Tomatensauce aus sonnengereiften Tomaten ist besonders fruchtig, und vor den Pizza-Varianten wie „Scharfe Salami", „Hot Antonio Vegan" oder „Trüffelada" kommen passende Aperitivi auf den Tisch, beispielsweise der Dark Tazzi mit Averna und Tonic oder ein Limoncello Spritz. Im Jahr 2017 hat die UNSECO die „Kunst des neapolitanischen Pizzabackens" auf ihre Liste des immateriellen Weltkulturerbes gesetzt – mit Recht, wie man nach dem Besuch einer der Hamburger Pizzerien, die nach original neapolitanischem Rezept backen, bestätigen kann.

Auf nach Asien

Jenfeld
Öjendorfer Damm 42
22043 Hamburg
(040) 63643661
@phohoangmai

Hoàng Mai

Dies ist ein waschechter Geheimtipp. Von außen sieht man hier nur einen Asia-Supermarkt namens Hoàng Mai, das Restaurant hat nicht einmal ein eigenes Schild. In den Gastraum gelangt man durch den Supermarkt – links an den Regalen vorbei und durch einen türlosen Durchgang. Doch wer es bis hierhin geschafft hat, den erwartet ein absolut authentisch vietnamesisches Gastro-Erlebnis. Der Boden ist hell gefliest, die Möbel sind aus dunklem Furnierholz, im Sommer surren die Ventilatoren, Neonlicht scheint von der Decke. Doch all das tritt in den Hintergrund, wenn man erst die hervorragende Küche probiert hat. Dabei darf man ruhig Neugier auf ungewohnte Geschmackserlebnisse mitbringen, denn alle Gerichte im Hoàng Mai sind nach echten vietnamesischen Familienrezepten zubereitet. Die ausgezeichnete „Bun"-Zitronen-grasbrühe mit Reisnudeln wird in Varianten serviert, die man hierzulande kaum auf einer Speisekarte sieht, unter anderem mit Bambus und Entenfleisch oder mit Schweine-Innereien. Auch das Gericht „Bánh Canh", aus dicken Weizennudeln mit Eisbein, Fleischwurst, Krebsfleisch und Black-Tiger-Garnele, ist absolut authentisch. Die Frühlingsrollen mit Fischsauce sind schlicht-weg sensationell, mit einer dünnen Panade, ganz frisch zubereitet und perfekt gewürzt. Natürlich serviert man im Hoàng Mai auch Phở, mit Rindfleisch oder Fleischbällchen. Wie authentisch vietnamesisch die Küche im Hoàng Mai ist, lässt sich schon daran ermessen, dass hier größtenteils Landsleute essen gehen. Man sollte auch nicht verpassen, den gut sortierten Asia-Supermarkt zu durchstöbern. Wenn die Küche des Restaurants um 18 Uhr schließt, ist der immerhin noch eine Stunde geöffnet.

Küche vietnamesisch | **Preise** €–€€
Tipp von der Karte Frühlingsrollen

St. Georg
Bremer Reihe 24
20099 Hamburg
(040) 246043
badshahrestaurant.de
@official.badshah.restaurant

Badshah

Dieses Lokal befindet sich hinter dem Steindamm in einer wenig
hippen Ecke des Stadtteils St. Georg – nicht gerade eine Gegend, in
die sich viele Passanten verlaufen. Wer dennoch zum Badshah
findet, wird mit wunderbar authentischer indischer Küche belohnt.
Man sitzt auf Blechstühlen an nackten Holztischen, aber dennoch
hat das Badshah, so quirlig es hier zugeht, mit seinen hübsch
bemalten Wänden einen ganz eigenen Charme. Tischbedienung
gibt es nicht, man bestellt und bezahlt am Tresen und bekommt
einen elektronischen Pieper, der einem mitteilt, wann man die
Speisen am Tresen abholen kann. Seit zwei Jahrzehnten gibt es
diese Mischung aus Imbiss und Bistro, und zu Stoßzeiten kann es
ganz schön voll werden. Das liegt nicht nur an den günstigen
Preisen, sondern vor allem an dem leckeren Essen – allein die Vorspeisen sind es wert, herzukommen: Samosas, mit Gemüse gefüllte
Teigtaschen, Pakoras oder Chole Bhature, frittierte Brötchen mit
Kichererbsen, stimmen wunderbar auf den Hauptgang ein. Hier hat
man dann die Wahl zwischen Thali-Gerichten, die ganz stilecht mit
Reis, Joghurt- und Linsensauce, Salat und Naan-Brot auf einem
blechernen Schalentablett serviert werden, und mehreren Biryani-
Variationen, Tellergerichten mit Bratreis, gerösteten Mandeln,
Cashews und Rosinen. Die Hauptgerichte gibt es entweder als
vegetarische Version oder mit Hühnchen oder Lamm. Die meisten
Vorspeisen und Hauptgerichte werden obendrein auch in veganer
Variante angeboten. Empfehlenswert zum Durstlöschen ist der
hausgemachte Mango-Lassi, der – genau wie alles andere, von den
Samosas bis zu den verschiedenen indischen Süßigkeiten – täglich
ganz frisch zubereitet wird.

Supriya 2019

Küche indisch | **Preise** €
Tipps von der Karte Butter Chicken Thali, Vegetable Samosas

VU

Dieses familiengeführte Restaurant auf St. Pauli hat im Winterhalbjahr gerade einmal ein gutes Dutzend Sitzplätze, im Sommer
kommen noch ein paar Tische im Außenbereich hinzu. Es trägt den
Namen der beiden Brüder Bao und Chuong Vu, die es 2017 in einem
neu gebauten Wohnkomplex eröffnet haben, von dem ein Teil
des Erdgeschosses für ein Gastronomieprojekt reserviert war. Die
Spezialität der kleinen, feinen Karte ist die Phở, der berühmte
vietnamesische Eintopf. Für die Basis, eine Rinderbrühe, werden in
einem riesigen 50 Liter fassenden Kochtopf täglich Knochen aus-
gekocht. Angerichtet wird die Phở dann entweder mit Reis- oder
Weizennudeln, mit frischem Gemüse und wahlweise Rinderbrust,
Schweinebauch, Entenbrust oder Hühnchen. Aber auch wer kein
Fleisch isst, kommt auf seine Kosten: Selbstverständlich gibt es
die Phở auch mit Gemüsebrühe als Basis und mit lecker gewürzten
Tofustreifen. Wer besonders viel Appetit mitbringt, der probiere
vorweg unbedingt den Banh Bao, eine traditionelle gedämpfte
Hefeteigtasche aus Reismehl, die im VU mit Gemüse und geröstetem Schweinebauch, Pulled Beef oder Tofu belegt wird. Nicht
weniger lecker ist der typisch vietnamesische Krautsalat mit Huhn.
Auch bei den Getränken gibt es mehrere hausgemachte Highlights,
wie den „Litschi Sour" aus Litschi, Zitronensaft und Minze oder
den „Green Life" aus Apfel, Minze, Sodawasser und Crushed Ice.
Und zum Nachtisch serviert man Bao Chi, mit Sesam-Nuss-Paste
gefüllte Kokosbällchen in Kokosmilch. Das VU ist stets gut besucht,
sodass man hin und wieder ein wenig warten muss, bis man
einen Platz bekommt. Aber das Warten lohnt sich. Und wer es gar
nicht abwarten kann, darf am Tresen Platz nehmen.

Küche vietnamesisch | **Preise** €€
Tipp von der Karte Phở in allen Variationen

Ottensen
Ottenser Hauptstraße 34
22765 Hamburg
(0178) 8910279
samisamialtona.de
@samisami_altona

Sami Sami

Vierzig Jahre lang residierte an dieser Adresse das Chinarestaurant Han Kong, eine der beliebtesten Anlaufstellen in Ottensen, wenn es um asiatisches Essen ging. Als die Betreiber vor ein paar Jahren das Ruder an ihren Sohn, Marcius Tan, weitergaben, wollte der aber etwas Neues ausprobieren. Im Inneren wurde das traditionell eingerichtete Restaurant komplett umgebaut, die Einrichtung kommt nun moderner und stylish daher. Und auch die alte Karte ist Geschichte: Die Küche ist jetzt pan-asiatisch. Ob indonesisch, koreanisch, chinesisch, Thai – bei Sami Sami möchte man sich nicht auf eine asiatische Region festlegen, aber das ist auch gar nicht nötig, wenn es dem Küchenchef gelingt, so wunderbare Gerichte zu zaubern. Von Phở über Mi Goreng und Rotes Thai Curry bis zu diversen Bowls – alles ist frisch, einfallsreich zubereitet und einfach lecker. Trotzdem ist die Karte nicht zu ausladend, die Küche konzentriert sich auf ein Dutzend Gerichte, und das kommt natürlich immer der Qualität und der Kreativität zugute. Schon das Han Kong hatte sich damals auf die Fahnen geschrieben, mit gesunden, frischen Zutaten und ganz ohne Glutamat zu kochen. Diesen Ansatz setzt das Sami Sami fort. Ein Highlight ist das „Sami Sami Fried Chicken" mit Maniokfritten. Das Hühnchen ist perfekt zubereitet und harmoniert gut mit allen drei Saucen, die dazu gereicht werden. Auch das vegane „Auberginen Sambal" mit Duftreis ist eine echte Offenbarung, großartig gewürzt und schön scharf, aber nicht so, dass es einem den Atem verschlägt. Hausgemachte Limonaden und Eistees runden die Karte ab. Alles in allem ist das Sami Sami ein würdiger Nachfolger einer Ottenser Institution.

Küche pan-asiatisch | **Preise** €€
Tipps von der Karte Auberginen Sambal, Sami Sami Fried Chicken

Altstadt
Kleine Reichenstraße 18
20457 Hamburg
(0151) 40030003
o-ren-ishii.com
@restaurant.orenishiig

O-ren Ishii

Die Namenspatin dieses kleinen Restaurants in der Hamburger Altstadt, im Kultfilm „Kill Bill" von Lucy Liu porträtiert, ist halb Chinesin, halb Japanerin. Dass das O-ren Ishii stattdessen vietnamesische Küche anbietet, muss niemanden irritieren – zumindest die chinesische Kochtradition hat die vietnamische ja durchaus beeinflusst. Und auch, dass die Inhaber ihre Gerichte als „Streetcuisine" anpreisen, erscheint beim näheren Hinsehen eine falsche Fährte: Allzu ausgefeilt sind die kleinen und größeren Gerichte, die hier auf den Teller kommen. Schon die Vorspeisen sind kleine Meisterwerke, von den Sommerrollen mit gegrillter, hausgemachter Zitronengraswurst und Koriander über den Glasnudelsalat mit Hühnchen oder Tofu, Erdnüssen, Röstzwiebeln, frischer Minze und Chili-Limonen-Dressing bis zu den gebackenen Hühnchen-Garnelen-Zitronengras-Spießen mit Sweet-Chili-Sauce. Als Hauptgericht locken so fabelhafte Kreationen wie Edamame-Koriander-Falafel mit Auberginen-Relish, eingelegte Schweinerippchen mit Sternanis-Zimt-Karamell oder eine Reisnudelsuppe mit Tamarindenbrühe, Hackfleisch-Garnelen-Eierstich und Sojasprossen und Frühlingslauch. Dies sind natürlich nur einige der Gerichte, die man im O-ren Ishii serviert, und das Angebot ändert sich immer wieder. Das Ambiente im Restaurant ist betont zwanglos, man sitzt auf Hockern an groben Holztischen. Aber genau das macht hier die entspannte Atmosphäre aus. Dass das O-ren Ishii gerade für Menschen, die in der City arbeiten, ein beliebter Treffpunkt ist, spiegelt sich nicht zuletzt in den Öffnungszeiten wider: montags bis freitags von 11 bis 18 Uhr. Also perfekt für die Mittagspause oder einen Imbiss beim Shopping-Bummel.

Küche vietnamesisch | **Preise** €–€€
Tipp von der Karte Scharfer Glasnudelsalat mit Garnelen

Asia Imbiss

Von außen sieht dieses Bistro an der vielbefahrenen Max-Brauer-Allee ziemlich unscheinbar aus. Dabei verbirgt sich hinter den beklebten Scheiben eine absolute kulinarische Perle, nämlich eines der authentischsten koreanischen Lokale der Stadt. Ein Gericht, das sich in Korea großer Beliebtheit erfreut, wird hier auf herausragend leckere Weise zubereitet: das frittierte Hühnchen, das im Asia Imbiss in gleich vier Varianten angeboten wird, als „Yang Neom" mit süß-scharfer Chilimarinade, als „Gan Jang" mit Sojasoße, als „Pa Dak" mit frischem Lauch und Wasabisoße oder einfach als „Fried Chicken", ganz ohne Saucen. Aber Vorsicht: Wer es bestellt, sollte Hunger mitbringen, denn man bekommt, was die Karte verspricht – ein Huhn, und zwar ein ganzes! Wer möchte, kann sich das Gericht aber auch auf zwei Portionen aufteilen lassen. Bei der letzten der vier Varianten, dem einfachen „Fried Chicken" ohne Saucen, wird klar, dass sich dieses Hühnchen nicht hinter irgendwelchen Aromen oder Marinaden zu verstecken braucht. Die Panade ist hauchdünn, knusprig und schön pfeffrig gewürzt, das Hühnchen wunderbar zart. Dazu werden sehr leckere, in Essig eingelegte Rettichwürfel serviert, die mit ihrer erfrischenden Säure und der leichten Süße ganz hervorragend mit dem Huhn harmonieren. Empfehlenswert sind auch die Varianten des Bibimbap, der berühmten koreanischen Reis-Bowl mit Spiegelei und typisch koreanischen Beilagen wie Kimchi, der hier übrigens hervorragend gewürzt ist. Ein weiterer Tipp ist das Spezialgericht des Küchenchefs: scharf angebratener Kimchi mit Schweinefleisch und Tofu. Alles in allem ein Volltreffer für alle Fans der koreanischen Küche.

Küche koreanisch | **Preise** €–€€
Tipp von der Karte Fried Chicken

St. Pauli
Beim Grünen Jäger 1
20359 Hamburg
(040) 35989172
bancanteen.com
@bancanteen

Ban Canteen

„Ban" ist Vietnamesisch für „Freund", und der Name ist Programm:
2015 eröffneten die drei Freunde Hoai Trinh, Dominique und
Christian hier an der Grenze zwischen Schanzenviertel und St. Pauli
die Ban Canteen, um ihre ganz eigene Interpretation der immer
beliebteren vietnamesischen Küche unter die Leute zu bringen.
Die Wände draußen sind voll mit Graffiti, Tags, Aufklebern und
Street Art – ein gewaltiger Kontrast zu dem extrem stylish einge-
richteten Lokal. Dass man sich hier trotz markanter Linien und
kühler Farben dennoch schnell zu Hause fühlt, liegt an der wunderbaren Küche. Hier kann man die vietnamesischen Klassiker noch
einmal ganz neu kennenlernen. Alle Zutaten sind frisch, das meiste
regional eingekauft. Als Vorspeise zu empfehlen sind die frischen,
leichten Sommerrollen und der frittierte Oktopus, den eine schön
scharfe Chili-Mayonnaise begleitet. Anschließend locken eine
würzige Phở und mehrere Varianten des „Ban Bao Burgers", unter
anderem mit Schweinebauch oder als „Surf & Turf" mit Garnelen
und in Zitronengras marinierten Rindfleischstreifen. Dazu passen
sehr gut die knackigen, gut gewürzten Süßkartoffelfritten. Die
„All in a Bowl"-Gerichte gibt es ebenfalls in mehreren Varianten,
zum Beispiel als vegane Alternative mit Shiitake Tofu, und die zum
Dessert servierte Kokos-Pannacotta mit Mangosauce ist nicht
nur ein optischer Leckerbissen. Komplettiert wird die Karte durch
spannende hausgemachte Getränke wie einen Eistee mit Minze
und Kokoswasser – ein köstlicher Durstlöscher ganz ohne Zucker.
Bei Anwohnerinnen und Anwohnern erfreut sich vor allem der
günstige Mittagstisch großer Beliebtheit, der täglich ab 12 Uhr
serviert wird.

Küche vietnamesisch | **Preise** €–€€
Tipp von der Karte Deep Fried Squid

Fine
Dining

St. Pauli
Silbersacktwiete 6
20359 Hamburg
Tel. (040) 20918649
www.maadeyo.de
maa_deyo

Maa' Deyo

Selbst die Tische sind etwas Besonderes: Sie wurden aus alten Brettern des Bühnenbodens des Thalia Theaters gebaut, und den Schrammen und Kerben nach zu urteilen, muss das alte Holz schon so einiges erlebt haben. So eignet sich das ausgefallene Mobiliar im Maa' Deyo auch gut als Gesprächseinstieg – ansonsten sorgen die Speisen und die liebevolle Bewirtung für einen gelungenen Abend. Das Personal kümmert sich sorgfältig um die Gäste, man fühlt sich vom ersten Moment an so richtig umsorgt wie bei Mutti – was auch ganz hervorragend passt, denn *„maa' deyo"* heißt soviel wie „Mama ist wertvoll". Das Beste aus zwei ganz unterschiedlichen Regionen der Welt kommt hier auf den Tisch: Lateinamerika und Ostafrika. Was sich zunächst wie eine ziemlich wilde Mischung anhört, kommt aufgrund der ähnlichen Zutaten überraschend harmonisch daher. Die beiden Küchenchefs Cristián Orellanus und Philipp Zitterbart haben ihre kulinarischen Einflüsse aus ihrer Heimat bzw. von ihren Reisen mitgebracht: Cristián stammt aus Chile, und Philipp hat eine Zeitlang in Afrika gelebt, wo sich ihm neue kulinarische Horizonte erschlossen. Vorher hatte er im Restaurant hæbel gearbeitet, das für seine gehobene Küche bekannt ist, und „Guerilla-Koch" Cristián betrieb die Cantina Popular im Schulterblatt. Die Synthese all dieser Einflüsse genießt man im Maa' Deyo in Form von köstlichen Chembe – Gerichten in Tapas-Größe – zu erschwinglichen Preisen, von kanadischem Hummer mit Chipotle-Erdnuss-Butter über vegane Bananen-Gnocci mit Kurkuma und Kokosmilch bis zur Rinderroulade mit Rotweinpflaume, Mirepoix-Sambal und Ras el-Hanout.

Küche Fusion | **Preise** €–€€
Tipp von der Karte Ceviche Uganda

Brook

Seit zwei Jahrzehnten wird im Brook gehobene Küche zu
erschwinglichen Preisen serviert. Das neben der historischen
Katharinenkirche und gegenüber der Speicherstadt gelegene
Restaurant ist eines von nur 37 mit dem „MICHELIN Teller"
ausgezeichneten Hamburger Lokalen. Lars und Berit Schablinski
haben das Brook 2002 eröffnet, und bis heute ist das Konzept
unverändert: Die Karte bietet ausgefeilte Gerichte mit Einflüssen
aus der internationalen, der norddeutschen und der klassisch
französischen Küche. Die Gerichte wechseln immer wieder, aber es
stehen stets mehrere Varianten pro Gang zur Auswahl. Das können
als Vorspeise Knusperscampi auf Kürbismousse mit Rucola oder
Asia-Lachs auf Chiligurken sein, als Suppen-Gang ein Erbsen-
Cremesüppchen mit Birne und Pfifferlingen, als Pasta-Gang
Parpadelle mit Hirsch und Honig-Balsamico-Sauce, als Hauptgericht Zanderfilet auf Rahmspinat mit Edelpilz-Ravioli oder
Barbarie-Entenbrust in Honigsauce und zum Dessert Schokoladen-
Creme-Brulèe mit Portweinkirschen und Zitronengras-Kokoseis
oder Birnen-Mandel-Strudel mit dunklem Schoko-Ingwerparfait.
Ein Dauerbrenner der Karte ist eine kleine, feine Portion Labskaus,
die als Vorspeise angeboten wird. Besonders zu empfehlen ist das
tagesaktuelle Menü, das man wahlweise mit vier oder fünf Gängen
oder als komplettes 5-Gang-Menü inklusive Wasser, Weiß- und
Rotwein und Kaffee bestellen kann – für gerade einmal 64,00 €
pro Person. Ein ganz besonderes Schmankerl für Sparfüchse:
Dienstags bis donnerstags steht das 3-gängige Überraschungsmenü zur Wahl, das bedeutet Schlemmen für nur 22 €. Und mittags
kann man wahlweise das Tagesgericht oder ein 3-Gänge-Menü
bestellen – beides unschlagbar preiswert für dieses Niveau.

Küche gehoben norddeutsch/international | **Preise** €€€
Tipp von der Karte 5-Gänge-Menü

Barmbek-Süd
Barmbeker Straße 2
22303 Hamburg
(040) 600600444
tyo-tyo.de
@tyo_tyo

TYO TYO

Kaum schlüpfte im Jahr 2019 das TYO TYO (*tyo* ist Japanisch für „Schmetterling") aus dem Kokon, wurde es auch schon von einer Fachjury als eines der „Schönsten Restaurants & Bars 2020" ausgezeichnet. Die Inneneinrichtung ist wirklich außergewöhnlich. Mag die dunkle Farbgebung der Möbel und Wände zunächst irritieren, so sorgt das Zusammenspiel von Holz, Beleuchtung und Pflanzen trotz des großen Raums für eine ganz intime Atmosphäre am Tisch. Genauso überzeugend sind die saisonal abgestimmte Fusion-Küche und der einzigartige Blick auf den Osterbek-kanal. Ans Restaurant angeschlossen ist Sushi For Friends, einer der besten Hamburger Sushi-Lieferdienste, und die wunderbaren Kreationen der Sushi Chefs kommen auch im TYO TYO auf den Teller, darunter so ausgefallene Varianten wie die Inside-Out-Rolls Bollywood (mit Hähnchen, Tandoori-Marinade, Mango und Curry-Kokos-Mayo) oder White Pearl (mit Jakobsmuschel, Thaispargel und Trüffel-Ponzu). Als Vorspeise bietet sich aber auch herrlich frisches Ceviche an, z. B. aus Lachs mit Ponzu, Avocado und Puff-mais oder aus Kingfish mit Mango Leche de Tigre und Habanero-Chili. Auch bei den Fleisch- und Fischgerichten begegnen einander immer wieder mehrere Stile, Küchen und Horizonte, z. B. bei Gambas mit Fenchel-Yuzu-Salat und Blutampfer, Schwarzfeder-huhn mit Bohnen und Mojo Verde oder Rumpsteak mit Sesam-Pfeffer-Teriyaki. Das Dark Chocolate Malheur, ein kleiner Schoko-kuchen mit Blutorangen-Kardamon-Sorbet, rundet den Abend bestmöglich ab. Unbedingt versuchen sollte man aber auch die hauseigenen Getränke-Kreationen, ob mit Alkohol oder ohne, wie den Tyo Tyo Mule aus Kakuzo Earl Grey, Limette und Spicy Ginger.

Küche Fusion-Küche | **Preise** €€–€€€
Tipps von der Karte Lachs Teri-Yaki, krosser Schweinebauch

Sternschanze
Juliusstraße 18
22769 Hamburg
(040) 40186115
carmagnole.kr
@ @bistro_carmagnole

Bistro Carmagnole

Das charmante Bistro Carmagnole hat sich innerhalb kürzester Zeit einen ganz besonderen Platz in den Herzen der Hamburger Gourmets erkocht. Hier genießt man raffiniert zubereitete Speisen in entspannter Atmosphäre. Zu diesem Zweck wurde das Carmagnole auch von vornherein als Bistro konzipiert – eine Art Gegenentwurf zum steiferen Restaurant. Vor einem Besuch sollte man unbedingt reservieren – das Bistro hat viele Fans und im Innenraum nicht allzu viele Plätze. Allerdings sitzt man auch unter dem bunten Glasdach auf der Terrasse des Carmagnole ausgesprochen gemütlich. Das Personal ist fix und äußerst zuvorkommend. Der Klassiker auf der Karte ist die bretonische Camus-Artischocke, im Ganzen gegart und mit Dips *trés délicieuses* serviert. Wer hier ein wenig ratlos dreinschaut, bekommt ganz entspannt erklärt, wie man die Artischocke am besten auseinandernimmt, um an die essbaren Bestandteile zu kommen, und diese dann einigermaßen grazil verspeist. Neben der Artischocke sollte man im Carmagnole das Steak Tartar probieren, das gibt es auch als vegane Variante aus Räuchertofu und Roter Bete. Dazu noch die perfekt frittierten und ausreichend gesalzenen Pommes frites, und alle sind glücklich. Wer danach noch Platz im Bauch hat, dem sei ausdrücklich ein Dessert mit Valrhona-Schokolade oder die fantastische Käseauswahl empfohlen. Bleibt nur noch, die exquisite Auswahl an Natur- und Bioweinen zu erwähnen, die man online über die „Vinothèque Virtuelle" auch ganz praktisch für zu Hause bestellen kann. *Vive la France, vive la culture bistro, vive les Carmagnoles*!

Küche französisch | **Preise** €€
Tipps von der Karte bretonische Camus-Artischocke, Steak Tartar

HafenCity
Am Kaiserkai 56
20457 Hamburg
(040) 30068369
kinfelts.de
@kinfelts

Kinfelts Kitchen & Wine

Direkt gegenüber des Traditionsschiffhafens an der Elbphilharmonie liegt das neue Lokal von Kirill Kinfelt, dem Inhaber des bekannten Restaurants Trüffelschwein in Winterhude. Dort hatte sich der Küchenchef, der sein Handwerk unter anderem im legendären Louis C. Jacob erlernt hat, im Jahr 2015 einen Michelin-Stern erkocht. Auch das Kinfelts Kitchen & Wine in der HafenCity setzt auf erstklassig zubereitete Speisen und hochwertige Zutaten mit einer ständig wechselnden, schön übersichtlichen Karte, und wurde bereits mit einem „MICHELIN Teller" ausgezeichnet – nicht nur für seine tolle Küche, sondern auch für die Weinauswahl, die mehrere hundert Weine umfasst. Hierfür ist Maximilian Wilm zuständig, einer der jüngsten Chef-Sommeliers Deutschlands, der vom Blankeneser Zwei-Sterne-Restaurant Seven Seas zum Kinfelts wechselte und im Jahr 2019 als „Sommelier des Jahres" ausgezeichnet wurde. Wilm steht allen Gästen mit Rat und Tat zur Seite. Er berät gerne auch Neulinge in Sachen Wein, worauf es zu achten gilt, und hat für alle Gerichte passende Empfehlungen parat. Ob Hummersuppe mit Garnele und Zuckerschoten, Kalbsrücken mit Röstkartoffeln, Island-Rotbarsch mit Kerbel-Espuma und Kartoffelstampf, geschmorte Rinderschulter mit Semmelschnitte oder der „Kinfelts Cheeseburger" mit Brioche-Bun und Trüffel-mayonnaise: Die vielfältige Küche setzt auf regionale und saisonale Zutaten und bringt durchweg hervorragend konzipierte, frisch zubereitete Kreationen auf den Tisch. Das Restaurant mit seinen 50 Sitzplätzen ist schnörkellos-modern eingerichtet, und es herrscht eine zwanglos-familiäre Atmosphäre, die dafür sorgt, dass man gerne wiederkommt.

Küche gehoben, gute Weinauswahl | **Preise** €€–€€€
Tipp von der Karte Trüffelpasta mit Parmesan

Lemsahl-Mellingstedt
An der Alsterschleife 3
22399 Hamburg
(040) 6113620
stocks.de
@ @stocks_restaurant

Stock's und Kaminstube

Das in einem urigen Fachwerkhaus untergebrachte Stock's Fisch-restaurant ist weit über die Grenzen Hamburgs bekannt. Es ist in Michelins Bib Gourmand gelistet, und Inhaber und Küchenchef Heiko Stock, der im Hotel Atlantic sein Handwerk gelernt hat, wurde bereits mit 28 Jahren mit einem Michelin-Stern ausgezeichnet. Er betrieb damals sein erstes eigenes Restaurant in Ellerbek, und er war der jüngste selbstständige Sternekoch Deutschlands. Etwas später eröffnete er dann das Stock's, in dem einige der besten Fischgerichte der Stadt auf den Teller kommen. Hervorragend ist auch das Sushi: Heiko Stock hat bei japanischen Meisterköchen in Los Angeles eine Ausbildung zum „Professional Sushi Chef" absolviert. Neben seiner Leidenschaft für Fisch und Meeresfrüchte ist der Küchenchef aber auch begeisterter Skifahrer, was sich in seiner zweiten kulinarischen Leidenschaft widerspiegelt: der süddeutschen und österreichischen Küche. Daher hat das Stock's auch Wiener Schnitzel und Kaiserschmarrn auf der Karte. Ganz und gar „zünftig" wird es aber im Obergeschoss, in der Kaminstube: Hier hat das Stock's-Team mit tatkräftiger Unterstützung einer Tiroler Architekturfirma ein zweites Restaurant eingerichtet, das an eine Almhütte erinnern soll, komplett mit holzgetäfelten Wänden, Schaffellen auf dem Stuhl, urigen Holztischen und prasselndem Kaminfeuer. Trotzdem wirkt die Kaminstube erstaunlich hell und zeitgemäß. Zwischen drei festgelegten Menüs – „Classic", „Exclusiv" und „Modern Style" – kann man hier wählen, deren Elemente als „Tischbuffet" nach und nach auf den Tisch gestellt werden und mit vielen Highlights der Küche aufwarten, von Sushi und Obatzda über die Knusper-Rinderschulter bis zum Topfentraum mit Mangosorbet. Zünftig halt!

Küche Fisch und Sushi/tiroler Küche | **Preise** €€–€€€
Tipps von der Karte Kabeljau in Miso-Teriyaki, Sushi „Heiko's Hot Crazy"

HafenCity
Platz der Deutschen Einheit 3
20457 Hamburg
(040) 60533810
stoertebeker-eph.com
@stoertebekerelbphilharmonie

Störtebeker Beer & Dine

Im 6. Stock der Elbphilharmonie betreibt die vielfach preisgekrönte Störtebeker Braumanufaktur aus Stralsund ein Restaurant, von dem aus man nicht nur einen schönen Blick über den Hafen hat, sondern in dem man auch ganz hervorragend essen und trinken kann. Was Letzteres angeht, sind Bier-Liebhaber klar im Vorteil: Mehr als ein Dutzend der einfallsreichen Brauspezialitäten von Störtebeker stehen zur Wahl, vom herben Atlantik-Ale bis zum malzigen Stark-Bier. Im Verkostungsbereich „Taste & Shop" kann man sich durch das Sortiment probieren, und dort werden auch spezielle Kurse angeboten, wie das „Bier-Erlebnis Seminar", bei dem unter fachkundiger Anleitung eines Sommeliers fünf Biere verkostet werden, zu denen leckere kleine Gerichte aus der nordischen Küche gereicht werden. Eine andere schöne Idee, um die Biere der Brauerei kennenzulernen, ist das Tasting Tray, das man im Restaurant begleitend zum Essen bestellen kann. Unbedingt sollte man als Aperitif einen der Bier-Cocktails probieren, die die Bar kredenzt, zum Beispiel den „Störtebeker Spritz" mit Pils, Aperol und Limettensirup. Viele Gerichte auf der wechselnden und hier am Hafen selbstverständlich recht fischlastigen Karte sind Klassiker, die Küchenchef Thomas Anetzberger mit ebenso einfachen wie einfallsreichen Kniffen auf ein neues kulinarisches Niveau hebt. So wird zum Beispiel als Vorspeise „Beef Tatar" mit Heringskaviar, gebeiztem Eigelb und Crème Fraîche serviert oder als Hauptgang „Hamburger Pannfisch" mit Senf-Beurreblanc, Wurzelgemüse und Kräuterkartoffeln. Auf diese Weise ist es dem Freibeuter Störtebeker – auf kulinarischem Wege – am Ende doch noch gelungen, den Hamburger Hafen zu erobern.

Küche regional-nordisch | **Preise** €€–€€€
Tipp von der Karte Bier-Tasting-Tray

Altstadt
Deichstraße 32
20459 Hamburg
(040) 36096767
cantinepapalisbeth.de
cantine_papa_lisbeth

Cantine Papa Lisbeth

Nach mehreren Stationen in der Hamburger Sternegastronomie (Se7en Oceans, Louis C. Jacob) hat André Stolle im Juni 2021 in der historischen Deichstraße sein eigenes Lokal eröffnet, in dem er zeitgemäße Interpretationen klassischer Gerichte auf den Tisch bringt. „Omas Küche wird salonfähig", lautet das Motto seines Lokals, das der Küchenchef nach seinen zwei großen kulinarischen Vorbildern benannt hat: seinem Vater und seiner Großmutter Lisbeth. Die Küche, mit der er aufgewachsen ist, ob Hühnerfrikassee, Brathering oder Kohlroulade, serviert er hier in legerem Ambiente – die wechselnde Mittagskarte lädt zum „Mittachessen", später gibt es „Happen am Abend". Dabei versieht Stolle aber alle seine Gerichte auf ganz subtile Weise mit der Handschrift der Sterne-küche: Das Sylter Weißbrot vorneweg, das mit Salzflocken und einem herrlich fruchtigen Olivenöl von einer portugiesischen Privatplantage serviert wird, kommt von der preisgekrönten Bäckerei Gaues. Beim wunderbar zarten Steinbeißer auf Kartoffelstampf mit Speckstippe sorgt Kasslerbrühe für eine raffinierte Note, dem Salat aus zweierlei Zucchini mit gedämpftem Spinat verleiht eine Currynage genau das richtige Maß Schärfe. Zum krönenden Abschluss gibt es einen der köstlichsten Vanillepuddings der Stadt, serviert mit „Esspapier" und Früchten. Oder hausgemachte dunkle Luftschokolade, die in Form von Brocken im Glas auf den Tisch kommt, mit 4 cl Whisky als perfekter Begleitung. Wer André Stolles ganzes Können testen will, bestelle das mehrgängige Überraschungsmenü („Happen in Etappen") von der Abendkarte, nach dem Motto: „Sagen Sie uns, was Sie nicht essen, wir sagen Ihnen *nicht*, was Sie essen."

Küche modern interpretierte Klassiker | **Preise** €€
Tipp von der Karte Happen in Etappen

Spezial:

Schlemmer-Sommer

Sie haben Lust, mit einem lieben Menschen so richtig schick essen zu gehen? Vielleicht sogar in einem der Hamburger Restaurants, die einen Michelin-Stern tragen? Aber Sie haben wenig Lust, dafür eine Menge Geld auszugeben? Dann ist der „Hamburger Schlemmer-Sommer", der immer von Mitte Juni bis Ende August stattfindet, die ideale Lösung. Über hundert Restaurants in Hamburg und im direkten Umland machen mit und bieten eine oder mehrere spezielle Menüfolgen an, zum Aktionspreis von 69 € für zwei Personen. Die Aktion ist eine ideale Möglichkeit, neue Lokale kennenzulernen und dabei so richtig schön zu schlemmen. Je nachdem, wie exklusiv (sprich: kostspielig) das Haus normalerweise ist, bekommt man für sein Geld ein Drei-, Vier-, Fünf- oder sogar Sechs-Gänge-Menü. Weil es sich um festgelegte Menüfolgen handelt, kann die jeweilige Küche das Ganze natürlich immer sehr gut vorbereiten, das hilft bei der Planung und ermöglicht großen Genuss zum kleinen Preis. Getränke gehen meistens extra, manchmal ist aber ein Aperitif im Preis enthalten, hier und da sogar eine Flasche Wein. Immer öfter gibt es eine vegetarische oder vegane Alternative. Seit Ende der Neunzigerjahre gibt es den „Schlemmer-Sommer" schon, und er ist eine absolute Erfolgsgeschichte. Jedes Jahr sind ein paar neue Lokale dabei, und alle durchzuprobieren gelingt wohl ohnehin den wenigsten. Da die Aktion sehr beliebt ist, sollte man aber immer im Vorfeld reservieren, dann erlebt man keine bösen Überraschungen. Reservieren kann man in der Regel ab Anfang Juni, sobald das Angebot für den neuen Sommer feststeht. Am besten geht das auf hamburg-kulinarisch.de (dass die Webseite so heißt wie dieses Buch, ist reiner Zufall!), oder man ruft einfach ganz „klassisch" beim anvisierten Lokal an. Auf der Webseite gibt es auch eine Suchmaschine, bei der man die teilnehmenden Restaurants nach bestimmten Kriterien – Stil der Küche, Stadtteil – filtern kann, was angesichts der großen Auswahl extrem hilfreich sein kann.

Vegane Vielfalt

Winterhude
Barmbeker Straße 169
22299 Hamburg
(040) 18135154
froindlichst.com
@froindlichst

froindlichst

Hier kommen Veganerinnen und Veganer in jeder Hinsicht auf ihre Kosten: Vom Sonntagsbrunch bis zum abendlichen Burger bieten die „Vegan Musketeers" vom froindlichst die perfekte vegane Grundversorgung. Hendrik Terner und Kerrin Kruse haben das Restaurant, das inzwischen eine zweite Filiale in Ottensen hat (Daimlerstraße 12), im Jahr 2015 gegründet. Da steckte der vegane Hype noch in den Kinderschuhen, sodass es dem froindlichst schnell gelang, zu einem Fixpunkt der Szene zu werden. Allerdings hatten die beiden auch eine ganze Zeit gebraucht, bis sie nach zahlreichen Experimenten mit Zutaten wie Seitan und veganem Käse eine Karte präsentieren konnten, die ihren Ansprüchen genügte. Und die hat wirklich einiges zu bieten. Diverse Sorten Pizza sind im Angebot, von der „Mozzi" mit getrockneten Tomaten, frischem Basilikum und gerösteten Pinienkernen bis hin zur „Wild West" mit Barbecuesauce, roten Zwiebeln und Jackfrucht, sowie mehrere Bowls, zum Beispiel mit roter Quinoa, Avocado und Hanfsamen oder mit geröstetem Blumenkohl, Falafelbällchen und Tahinisoße, und Burritos mit schwarzen Bohnen und gegrilltem Kürbis. Der Renner sind aber die veganen Burger – laut den Betreibern machen sie 80 Prozent des Umsatzes aus. Und das zu Recht: Ob „Barbie Kuh Burger" oder „Schicken Burger", alle Varianten warten mit einfallsreichen Zutaten auf. Das Patty zwischen den Hälften des veganen Briochebrötchens wird aus roten Linsen zubereitet, gegen Aufpreis kann man ein Beyond-Meat-Patty bestellen. Das junge Team des froindlichst ist durchweg nett und hilfsbereit – trotz Stress, denn das Restaurant ist extrem gut besucht. Man sollte möglichst vorher einen Tisch reservieren.

Küche veganes comfort food | **Preise** €€
Tipp von der Karte Chili Cheeze Burger

Happenpappen

Das Happenpappen ist eines der ältesten veganen Restaurants der Stadt. 2013 eröffnet, als die Supermärkte längst noch keine eigenen Regale für vegane Produkte hatten, war es zunächst in Eimsbüttel zu Hause. Ein halbes Jahr später fing Cathy Bernhardt dort als Aushilfe an, bald bot sie eigene vegane Kochkurse an, 2016 übernahm sie den Laden. Als sie im Sommer 2017 die angemietete Fläche räumen musste, fand sie für ihr Lokal ein neues Zuhause an der Feldstraße – ein Glücksfall, wie sie sagt, denn vom Umfeld her passt ein veganes Lokal ideal in diese Nachbarschaft. Cathys rein pflanzliche Küche setzt auf beste regional-saisonale Zutaten. Dienstags bis freitags gibt es ab 12 Uhr einen wechselnden Mittagstisch mit einfallsreichen Gerichten, von Sandwiches bis Currys. Der Renner sind die fantasievollen Bowls und die Gemüsequiches, die ständig auf der Karte stehen. Zwischen vier und sechs macht die Küche Pause, dann ist Zeit für Kaffee und unverschämt leckere vegane Kuchen und Torten, hausgemacht von der gelernten Konditorin Lisa. Um 18 Uhr wird dann der „Burgerabend" eingeläutet. Burger sind ja heute in veganen Lokalen schwer angesagt, doch auch auf diesem Gebiet war das Happenpappen einer der Pioniere in Hamburg. Man kann aus einem halben Dutzend Varianten wählen, auch hier wechselt das Angebot immer wieder. Eine Besonderheit: die „Burger-Bowl" – euer Lieblingsburger wird ohne Brötchen mit einigen Extrazutaten in einer Schale serviert. Ein toller Service für alle, die auf Gluten verzichten möchten oder müssen. Die Getränkekarte wartet mit ein paar leckeren Smoothies und Tees auf wie dem köstlichen „Bangkok Lime" mit Kaffir-Limetten-Blättern, Ingwersirup und Limettensaft.

Küche vegan, saisonal/regional | **Preise** €–€€
Tipps von der Karte Evergreen Smoothie, Lasagne-Bowl

Stellingen
Hagenbeckstraße 124a
22527 Hamburg
(040) 52389377
innerluck.de
@innerluck_hamburg

innerluck

Im Gebäudekomplex des Sportwerks, das die größte Squash-Anlage Deutschlands beherbergt, versteckt sich dieses wunderbare vegane Restaurant an der Grenze zwischen Eimsbüttel und Stellingen. Ursprünglich befand sich in den Räumlichkeiten des innerluck eine Kantine, in der die Besucher der Squashplätze im Erdgeschoss Currywurst und Schnitzel aßen. 2017 trat dann die niederländische Profi-Volleyballerin Karine Muijlwijk vom VT Aurubis in Fischbek auf den Plan und krempelte den Laden um: Ab sofort standen nur noch vegane Gerichte auf der Karte. Inzwischen hat die junge Gastronomie-Quereinsteigerin Kim Felde das Lokal übernommen. Sie hat den Innenraum umgestaltet, noch gemütlicher und grüner gemacht, und auch das Angebot hat sie noch einmal überarbeitet und erweitert. Die vielfältige Karte mit dem Motto „100 % vegan und hausgemacht" wechselt alle paar Monate, aber bestimmte Gerichte werden immer wieder angeboten – im Sommer Bowls und Salate, im Winter Grünkohl, Flammkuchen oder Spare Ribs aus Seitan. Der köstliche „Hausburger" mit einem Patty aus Roter Bete, Kernen, Lauch, Tofu und Kräutern sowie das „Haussandwich" mit Tempeh, Süßkartoffel, Avocado und Schnittlauchcreme sind das ganze Jahr über zu haben. Neben den herzhaften Gerichten gibt es nachmittags, wenn das innerluck öffnet, erst einmal Kaffee und wechselnde Kuchen und Torten – der Renner ist die vegane Schwarzwälder Kirschtorte, die auch gerne im Ganzen außer Haus geordert wird. Eine weitere Besonderheit: Das Team besteht nicht nur aus überzeugten Veganerinnen, sondern isst teilweise auch Fleisch. Umso weniger Schwellenangst muss man hier haben, wenn man sich in der veganen Küche noch nicht so sehr zu Hause fühlt.

Küche vegan, herzhaft bis süß | **Preise** €–€€
Tipps von der Karte Hausburger, Haussandwich

Eppendorf
Eppendorfer Landstraße 109
20251 Hamburg
(040) 21063612
soul-vegan.de
@ @soul.vegancoffeebar

SOUL – vegan coffee bar

„100 % vegan, 0 % raffinierter Zucker" – das verspricht SOUL seinen
Gästen. Und nicht nur das: Die meisten Produkte, die im Café
verarbeitet werden, sind biologisch erzeugt und werden obendrein
ohne Plastikverpackung geliefert. Das Versprechen, gesund und
nachhaltig zu genießen, wird selten mit so viel Fantasie eingelöst
wie hier. Schon das Frühstück lockt mit Dinkel-Pfannkuchen mit
frischem Obst und Ahornsirup, French Toast mit veganem Joghurt
und hausgemachter Chia-Beeren-Konfitüre und „Rührei" – ganz
ohne Ei, aber mit Champignons, Avocado und Röstbrot. Zum
Lunch werden leckere Bowls und gegrillte Antipasti serviert, und
wie schon beim Frühstück sind die Teller übervoll mit bunten
Sprossen, Samen und Früchten garniert – ein Gedicht nicht nur für
den Gaumen, sondern auch für das Auge. Bei jedem Gericht merkt
man, dass hier alles mit sehr viel Sorgfalt und Liebe zubereitet
und angerichtet wird. Zum Kaffee hat das Team dann immer eine
ganze Reihe ganz unterschiedlicher veganer Kuchen und Torten
parat. Cappuccino & Co. werden mit sechs pflanzlichen Milchalter-
nativen angeboten. 2019 ist Inhaberin Anja Laux mit dem SOUL
von Bremen nach Eppendorf umgezogen, und so schmerzlich der
Verlust für die vegane Szene an der Weser war, für Hamburg ist der
Umzug ein Gewinn. Übrigens: Die Zutaten für die Küche werden
täglich frisch eingekauft, damit möglichst wenig weggeworfen
werden muss. Deshalb kann es vorkommen, dass die eine oder
andere Leckerei auf einmal ausverkauft ist. Aber das ist nicht weiter
schlimm – genug spannende Alternativen hat die Karte ja auf jeden
Fall zu bieten.

Küche Frühstück, Lunch, Kaffee und Kuchen | **Preise** €–€€
Tipp von der Karte Chocolate Chip Pancakes

Sternschanze
Schanzenstraße 79
20357 Hamburg
(0151) 28819508
kjeks.de
@kjeks.hh

Kjeks

Die Konditorei Kjeks ist einer der jüngsten Neuzugänge der veganen Gastro-Szene Hamburgs, und was für einer! Wer es nicht weiß, käme nie darauf, dass die unverschämt leckeren Brownies, Donuts oder Cookies ohne Milchprodukte und Eier hergestellt werden. Der kleine Laden im Schanzenviertel ist seither nicht nur bei Veganerinnen und Veganern ein Renner. Dahinter stecken die Macher des froindlichst, die in der Lockdown-Zeit 2020 begannen, mit veganen Backwaren zu experimentieren. Heute kann man sagen: Das Experiment ist so was von geglückt! Am besten nimmt man sich gleich eine Auswahl der Leckereien mit nach Hause, in der 4er-, 6er- oder 12-er-Box. Darin kann man dann nach Lust und Laune die Produkte des Sortiments miteinander kombinieren. Und das hat allerhand zu bieten: Donuts wie den „Lemon Squash" mit zitroniger Glasur und fruchtiger Creme oder den „Schwarz-wälder Kirsch" mit einer genialen veganen Buttercreme; Cookies wie den „Oreo Crunch" mit einer himmlischen Vanillefüllung oder den „Triple Choc" mit gleich drei Schokoladensorten; Kuchen wie Erdbeer-Biskuit, Zupfkuchen oder Erdnuss-Karamell-Torte. Weitere Höhepunkte des Sortiments sind der Keksteig im Glas, die Nussecke, der Möhren-Cupcake und der reichhaltige „Slutty Brownie" mit Oreos und Chocolate Chips – ein absoluter Traum! All das ist komplett vegan und aus regionalen Zutaten, wird stets frisch von Hand zubereitet und nachhaltig verpackt. Obendrein engagiert sich das Kjeks für wohltätige Zwecke: Im Laden werden Spenden gesammelt, und jeden Monat legen die Betreiber noch einmal 500 Euro obendrauf. Alles getreu dem Motto des Kjeks: „A Peace of Cake!"

Küche Konditorei | **Preise** €
Tipp von der Karte Slutty Brownie

AN Vegan House

Das vietnamesische Wort „An" bedeutet so viel wie „ruhig" oder
„friedvoll". Allzu ruhig geht es im AN Vegan House in Winterhude
(und seit einiger Zeit auch in einer zweiten Filiale in der Langen
Reihe in St. Georg) jedoch nicht zu: Für die Abendstunden sollte
man mindestens ein paar Tage vorher einen Tisch reservieren,
so beliebt ist das Ende 2018 eröffnete Restaurant mit seiner hervor-
ragenden vietnamesischen Küche und der ungezwungen-gemüt-
lichen Atmosphäre. Die Karte ist komplett vegan, und sie hat sich
im Laufe der Jahre kaum verändert. Das muss sie auch nicht, denn
die Gerichte sind so vielfältig, dass ein Besuch hier nie langweilig
wird. Man hat die Wahl zwischen den *Big Five*, fünf großen Hauptgerichten, und den *Super Bowls*, 20 verschiedenen Gerichten, die
wie Tapas als kleine Portionen auf den Tisch kommen. Die Hauptgerichte wie „Regeneration Bowl" oder „Wan-Tan Soup" machen
richtig satt, aber wer die ganze Vielfalt des AN Vegan House
kennenlernen möchte, bestellt besser mehrere *Super Bowls*. Diese
tragen so klingende Namen wie „Shanghai Noon" (mit Sesam
ummantelte knusprige Sojastreifen) oder „Pagoda Bites" (Birnen-
und Avocadostücke im Tempurateig), und sie lassen sich am Tisch
wunderbar miteinander teilen. Als krönender Abschluss stehen
drei verschiedene Desserts zur Auswahl, nicht zuletzt das köstliche
Mochi-Eis. Mindestens genauso lecker ist aber der Ca Phe Sua Da,
der vietnamesische Eiskaffee. Übrigens eignet sich das AN
Vegan House auch ganz hervorragend für Nicht-Veganer – nicht
nur Seitan und Tofu sind hier so gut gewürzt und zubereitet, dass
kein Fleisch-Fan ernsthaft etwas vermissen wird.

Küche vietnamesisch (vegan) | **Preise** €€
Tipp von der Karte Golden Buddha

Spezial:

Osterstraße

Die Osterstraße in Eimsbüttel, insbesondere der Abschnitt zwischen Gärtnerstraße und U-Bahnhof Osterstraße, hat sich in den vergangenen Jahrzehnten zu einem Hotspot der Gastro- und Bio-Szene entwickelt. Die **Sören Korte Brotmanufaktur** (Hausnummer 79) wurde im April 2020 eröffnet und noch im selben Jahr vom Fachmagazin *Der Feinschmecker* als beste Bäckerei Hamburgs ausgezeichnet. Für den bewussten Großeinkauf eignet sich auch der **SuperBioMarkt** (Nr. 112) mit seinem umfassenden Sortiment. Wer gezielt Verpackungsmüll vermeiden möchte, steuert **Bio-lose** (Nr. 81) an, ein Geschäft für unverpackte Bio-Lebensmittel, von Obst und Gemüse über Brot und Käse bis hin zu Säften direkt aus der Saftpresse. Um Nachhaltigkeit bemühen sich auch einige Lokale, so die **Alpenkantine** (Nr. 98), die der klassischen Alpenküche mit regionalen Lebensmitteln neue Nuancen verleiht, zum Beispiel mit Spätzlebowl, Green-Curry-Knödeln und Wildbratwurst. Leckeres aus Japan bietet das zwanglose Bistro **ku'o:** (Nr. 91), das SC-Freiburg-Star Nils Petersen mit seinem Freund Kiyoshi Fujii 2021 eröffnet hat und das „Donburi" serviert, eine Schüssel Reis mit diversen Toppings – die japanische Variante der omnipräsenten Bowl. Bei **Monsieur Rémi** (Nr. 83) serviert man nicht nur sehr leckere süße Crêpes, herzhaft belegte Galettes und erfrischenden Cidre, man kann hier auch einkaufen: Ein ganzes Sortiment aus Frankreich importierter Lebensmittel wartet auf die Kundinnen und Kunden. Das **Citta** (Nr. 98) ist ein Ableger des An Vegan House und bietet asiatische Küche vom Feinsten, mit vietnamesischen Tapas, Gemüse-Bowls und leckerer Suppe – alles komplett vegan. Der letzte Tipp ist ausnahmsweise alles andere als vegan: Die **Bioland-Fleischerei Fricke** (Nr. 76) verkauft Fleisch von regionalen Bioland-Höfen und internationale Spezialitäten, die ebenfalls zu 100 Prozent diesem Standard entsprechen. Auch Wurst und Aufschnitt sind aus Bioland-Fleisch hergestellt, mit naturbelassenen Bio-Gewürzen statt Nitritpökelsalz. Obendrein bietet die Fleischerei einen günstigen Mittagstisch an.

Früh stücks Freuden

Schanzenviertel
Kampstraße 25–27
20357 Hamburg
(040) 20956295
berta-emil-richard-schneider.de
@ @bertaemilrichardschneider

Berta Emil Richard Schneider

Niels Berschneider ist in der Hamburger Gastroszene längst eine feste Größe. Als Letztes hat er in Eimsbüttel das Rainer Schneider eröffnet, davor die Rain Cafeatery in Ottensen. Sein wohl persönlichstes Lokal ist das Berta Emil Richard Schneider: Es befindet sich in den Räumlichkeiten, die der Gastronom von klein auf kennt, denn hier befand sich früher die Fleischerei seines Großvaters, die später der Vater übernahm. Der außergewöhnliche Name ist die Antwort auf die Frage, wie man seinen Nachnamen buchstabiert: „Berta-Emil-Richard Schneider". Zusammen mit seinem Mitinhaber Mats Borgwardt serviert er hier moderne Interpretationen der traditionellen norddeutschen Küche, etwa „Kein Labskaus": Lachs an Wasabi-Kartoffelstampf mit Rote-Beete-Dashisud, oder einen „Franzbrötchenauflauf" mit Erdbeer, Rhababer und Tonkabohne. Nicht weniger empfehlenswert aber ist das Frühstück, besser gesagt der „Boozy Brunch" am Samstag und Sonntag bis 14:30 Uhr. Auch hier kommen altbekannte Favoriten im neuen, einfallsreichen Gewand auf den Tisch, zum Beispiel die Eggs-Benedict-Varianten „Eggs Berta" und „Eggs Richard", das reichhaltige „Bertas Bauernfrühstück", das mit Salsiccia, Spargel und Knoblauch überrascht, oder das „Grüne Shakshuka", eine ausgefallene Variation des israelischen Frühstücksklassikers. Wer es süß mag, ist mit dem „Armen Ritter" mit Granola, Dulce de Leche, Mascarpone und Erdbeeren bestens bedient. Und was wäre ein „Boozy Brunch" ohne Alkohol? Neben einer Reihe Aperitifs wie „Fizzy Dove" aus Rosa Schaumwein und Pink Grapefruit stehen zwei spezielle Brunch-Cocktails auf der Karte, die beide das Frühstücksvergnügen ideal abrunden.

Küche moderne internationale Küche | **Preise** €–€€€
Tipps von der Karte Eggs Berta und Eggs Richard, Armer Ritter

Altstadt
Schopenstehl 30
20095 Hamburg
(0163) 1728681
marshall-street.de
@marshall.street.coffee

Marshall Street Coffee

Marshall Street heißt die Straße in Sydney, in der Tristan Garrett aufgewachsen ist. Nachdem der Australier mehrere Jahre Erfahrungen in der Hamburger Gastronomie gesammelt hatte, hat er im Frühjahr 2020 zusammen mit seiner Partnerin Marie Kotte das erste Lokal in der Hansestadt eröffnet, das sich ganz der australischen Frühstücks- und Kaffeekultur verschrieben hat. Die große Leidenschaft von Garrett und Kotte ist der Kaffee – der gelernte Koch hat in seiner Heimat einen Lehrgang bei einem Kaffeeröster absolviert, und so rösten die beiden nun einmal die Woche ihren Kaffee selbst. Man kann diverse Sorten mit raffinierten Aromaprofilen von Honig bis dunkle Schokolade für zu Hause mitnehmen, aber als Flat White, Batch Brew oder Caffè Latte begleitet der Espresso natürlich auch wunderbar die Frühstücksspezialitäten, die im Café auf den Teller kommen. Zwei Zutaten, die auf der kompakten Karte von Marshall Street Coffee öfter auftauchen, sind ganz typisch für das Land der Surfer und Beuteltiere: pochierte Eier und Avocados. Sie finden sich zum Beispiel auf dem mit Bergkäse überbackenen „Pastrami Burger" wieder. Müsli-Fans werden begeistert sein vom Granola mit Pistazien, Nüssen und Kokosflocken, serviert mit Joghurt, hausgemachtem Kompott und Honig. Pikanter kommt die „Zitronen-Hummus Bowl" daher, mit pochierten Eiern, Serrano-Schinken und Kichererbsen. Und natürlich dürfen auch die Pfannkuchen nicht fehlen: Die fluffigen Buttermilch-Pancakes werden entweder mit Obst, Kompott und Ahornsirup serviert oder mit Nutella, Mandeln und Schokosplittern. Dieses Stück Australien in Hamburg macht definitiv glücklich!

Küche Kaffee/Frühstück | **Preise** €
Tipp von der Karte Buttermilch Pancakes

Langenhorn
Holitzberg 145a
22417 Hamburg
(040) 66894793
eisundsalzig.de
@ @eisundsalzig

eisundsalzig

Früher befand sich in den Räumlichkeiten dieses stylishen Lokals abseits der kulinarischen Hotspots der City eine Sparkasse, von der im Keller noch der Tresorraum mit seiner gewaltigen Stahltür übrig ist, der heute als Personalraum dient. Innenarchitekt Michael Behr hat den Bau in ein helles, geräumiges Restaurant mit klaren Linien verwandelt. Industriescheinwerfer hängen über den Tischen, eine rustikale Betondecke ziert den großzügigen Gastraum, von dem aus man durch große Fenster in die Küche sehen kann – kein Wunder, dass der Callwey Verlag das eisundsalzig als eines der „Schönsten Restaurants & Bars 2020" ausgezeichnet hat. Behrs Ehefrau Sophia betreibt das Lokal und hat ein echtes Händchen für köstliche, einfallsreiche Genüsse. Die frische Bistroküche mit Gerichten wie geröstetem Bauernbrot mit Hummus und gegrillter Aubergine oder Rindertatar wird von einer kleinen Auswahl ausgesuchter Weine komplettiert. Zu den hausgebackenen Kuchen kann man Kaffee von der Norderstedter Rösterei Hunt Brothers genießen, und die Eiswerkstatt stellt mehrmals wöchentlich köstliche, ausgefallene neue Sorten her, die man auch mit nach Hause nehmen kann. Ein besonderer Genuss ist aber das Frühstück, das unter der Woche mit Rührei, Zimtschnecken und geröstetem Bauernbrot mit Avocado, pochiertem Ei und Roter-Bete-Creme lockt. Am Wochenende stehen weitere Optionen auf der Karte, wie Belgische Waffeln mit gebackener Banane, Pancetta und Ahornsirup, Blaubeer-Pancakes mit Beerenkompott, Ahornsirup und griechischem Joghurt und ein köstliches in der Pfanne serviertes Shakshuka, die israelische Frühstücksspezialität, die auch hierzulande immer beliebter wird.

Küche süß bis herzhaft | **Preise** €
Tipps von der Karte Shakshuka, Speiseeis aus der hauseigenen Manufaktur

HafenCity
Am Kaiserkai 1
20457 Hamburg
(040) 35982149
surfkitchen.de
@surfkitchen

Surfkitchen

Die Idee, im Surfkitchen an den Marco Polo Terrassen auch Frühstück anzubieten, kam Marketing-Mitarbeiterin Anni im Urlaub in Thailand: Dort gab es an jeder Ecke Frühstückslokale, die im balinesischen Stil eingerichtet waren und leckere Früchte-Bowls anboten. Zurück in Hamburg machte sie sich daran, eine neue Frühstückskarte zu entwickeln, und gestaltete auch gleich noch den Laden um. Seither gibt es hier direkt am Wasser täglich von 10 bis 12 Uhr im bunten Südsee-Ambiente diverse köstliche Gerichte, um in den Tag zu starten. Der Renner am Vormittag ist der Bagel mit Frischkäse, Lachs und Avocado. Die Bestseller im heißen Hamburger Sommer sind die Frozen Smoothie Bowl mit Mango, Banane und Ananas und die Frozen Açai Bowl mit Beeren, Kokoschips und Chiasamen. Im Herbst stehen dann die Pancakes ganz oben auf der Hitliste. Zu Recht, denn sie sind sehr schön fluffig, und die Auswahl – zum Beispiel mit karamellisierten Bananen und geschmolzener Nutella, mit extra Bacon oder mit Blaubeeren und kanadischem Ahornsirup – lässt keine Wünsche offen. Eine gute Option für die Freundinnen und Freunde des herzhaften Frühstücks: das Rührei mit Ziegenkäse und Walnüssen. Alle Zutaten sind frisch, Pancakes, Rührei & Co. werden à la minute zubereitet. Daher kann es in Stoßzeiten ein wenig dauern, bis das Bestellte an den Tisch kommt, aber das Warten lohnt sich definitiv. Ab 12 Uhr und unter der Woche serviert das Surfkitchen dann diverse Pizza- und Burger-Varianten. Zum Dessert gibt es noch ein besonderes Schmankerl: das Tartufo mit Haselnusscreme und Schokokern, karamellisierten Haselnüssen und Baiser. Das schmeckt übrigens auch schon vor zwölf.

Küche Frühstück wie auf Hawaii | **Preise** €
Tipps von der Karte Frozen Açai Bowl, Pancakes

Altstadt
Deichstraße 9
20459 Hamburg
(040) 36093499
nordcoast-coffee.de
@ @nordcoastcoffee

Nord Coast Coffee Roastery

Von bunt belegten Panini bis zu frisch gebackenen Waffeln: Das Frühstück bei Nord Coast lässt wenige Wünsche offen. Und dazu passt perfekt der wunderbare Kaffee, der vor Ort frisch geröstet wird. Überhaupt macht das Team bei Nord Coast das meiste selbst – das vegane Banana Bread, der Carrot Cake und die Kardamom Buns werden stets frisch gebacken, das Granola ist hausgemacht, die Säfte sind frisch gepresst. Die Spezialitäten auf der Karte offenbaren viel Liebe zum kulinarischen Detail: So werden die Banana-Bread-Pancakes mit Limetten-Mascarponecreme, Früchten und Ahornsirup serviert und die vegane Drachenfrucht-Bowl mit Beeren, Banane, Mango-Püree, Granola und Kokosflocken; das Bio-Rührei auf Sauerteigbrot ist mit Steinpilzbutter, Kurkuma-Chili-Creme und Parmesan garniert, und die Waffeln kommen zum Beispiel mit hausgemachtem Apfel-Basilikum-Kompott daher. Das Aufbrühen der vor Ort gerösteten und gemahlenen Bohnen ist eine Wissenschaft für sich: Sechs Brühmethoden stehen zur Verfügung, vom klassischen Filter über den Syphon bis zur Aeropress. Die verschiedenen Bio-Röstkaffeesorten wie Guatemala todos Santos (mit Schokolade-, Pflaume- und Walnuss-Noten) oder Kenia Kahuro (mit Aromen von Kirsche, Pekannuss und Rhabarber) kann man auch für zu Hause mitnehmen. Und dabei tut man sogar noch etwas Gutes: Pro verkauftem Kilo Kaffee werden 50 Cent an soziale Projekte in den Ursprungsländern gespendet. Neben dem frisch renovierten Lokal in der historischen Deichstraße gibt es seit einigen Jahren in Eppendorf eine zweite, kleinere Adresse (Eppendorfer Baum 20), die nicht weniger erfolgreich ist. Qualität setzt sich eben durch.

Küche internationale Frühstücksspezialitäten | **Preise** €
Tipp von der Karte Pochiertes Bio-Ei auf Avocado mit Brot

Rotherbaum
Grindelhof 43
20146 Hamburg
(040) 440278
doris-diner.de
@ @doris_dinerhamburg

Doris Diner

Amerikanischer geht es nicht: eine Jukebox, ein langer Tresen mit Barhockern, mit dem gleichen roten Leder bezogen wie die Doppelsitze an den Vierertischen. Auch wenn das 1995 eröffnete Doris Diner im Univiertel nicht wie seine Vorbilder aus den USA der Fünfzigerjahre in einem ausrangierten Eisenbahnwaggon untergebracht ist, gibt man sich hier alle Mühe, den Stil von damals nachzuahmen. Das gilt auch für die Speisekarte, die mit mehr als einem Dutzend Burger-Varianten sowie Sandwiches, Milkshakes und Spare Ribs das Herz aller USA-Fans höherschlagen lässt, und das zu extrem fairen Preisen. Der Clou ist aber das amerikanische Frühstück, das man hier seit 2002, als der aktuelle Besitzer das Lokal übernahm, von morgens bis abends serviert. Wie wäre es mit einem „Ham & Cheese Omelette", oder vielleicht Rühr- oder Spiegeleier mit Speck, Schinken oder Würstchen? Wer es süß mag, greife zum French Toast mit Zimt oder zu den Buttermilch-Pancakes, entweder *plain* oder aber mit Blaubeeren, Apfel oder Banane. Anders als in vielen anderen Frühstückslokalen bekommt man dazu übrigens gratis ein ganzes Kännchen echten Ahornsirup auf den Tisch gestellt – ein toller Service. Lecker sind auch die Bagels mit Räucherlachs, Pute oder Mozzarella und Tomaten. Eine ganz besondere amerikanische Frühstücks-Spezialität steht auf der Karte gar nicht unter „Breakfast", sondern versteckt sich in der Rubrik „Mexican Special": „Huevos Rancheros" – eine Weizentortilla mit Chili con Carne und Spiegelei. Dazu reicht man nicht nur Cappuccino oder Latte Macchiato, sondern auf Wunsch auch einen ganz normalen Becher Filterkaffee. Und auch das hat ja heute schon fast Seltenheitswert.

Küche amerikanisch | **Preise** €
Tipps von der Karte French Toast, Huevos Rancheros

Hoheluft-Ost
Abendrothsweg 54
20251 Hamburg
(040) 46777533
la-caffetteria.de
@ @la_caffetteria_hamburg

La Caffètteria

Ideal für alle, die gern ausschlafen: Täglich von 10 bis 16 Uhr kann man hier frühstücken, und auch wenn die übrige Karte ebenfalls eine Reihe (hauptsächlich italienische) Highlights zu bieten hat, ist La Caffètteria bei vielen Stammgästen, die größtenteils in der Nachbarschaft wohnen, insbesondere für ihr Frühstück beliebt. Dabei hat die Karte auf den ersten Blick gar keine Besonderheiten zu bieten, die man nicht auch anderswo bekäme. Aber das ist hier auch gar nicht der Punkt: Alle Frühstücks-Optionen sind tadellos zubereitet und mit viel Sorgfalt angerichtet. Neben den Standards mit Brötchen, Croissants, hausgemachter Konfitüre und Honig stehen auch ein paar ausgefallenere Zusammenstellungen auf der Karte, die beispielsweise Melone mit italienischem Alpenschinken oder Nordseekrabbensalat beinhalten. Eine spezielle Option für Käse-Fans wartet unter anderem mit Provolone, Taleggio, Mozzarella und hausgemachtem Frischkäse auf. „Alternativen" Frühstücksgenuss bietet die Variante „Buddha's Dream", mit Granola mit Obst und Sojajoghurt, Brötchen und Sauerteigbrot, hausgemachter Konfitüre, Hummus und Avocado. Ganz leicht und locker ist das Rührei, das man unter anderem mit Tomate oder Krabben ordern kann, und auch die Spiegeleier mit Bacon sind zu empfehlen. Wer es „kerniger" mag, bestelle das Müsli mit Obst und Joghurt, Milch oder Sojamilch oder den warmen Porridge (auf Wunsch vegan) mit hausgemachtem Apfelmus. Immer beliebter sind auch die Bowls, zum Beispiel die Açaí-Bowl mit Blaubeeren und Banane, serviert mit Granola, Quinoa und Chia-Samen. Das Ganze dann noch auf der großen Terrasse in der Frühlingssonne, und der Tag kann beginnen.

Küche international und italienisch | **Preise** €–€€
Tipp von der Karte Rührei mit Tomatenwürfeln und Parmesan

Kaffee
&
Kuchen

Eimsbüttel
Lappenbergsallee 36
20257 Hamburg
(0178) 1418170
willis-cakes.de
@willis.cakes

Willi's Cakes

Diese kleine, gemütliche Eimsbütteler Location zählt zu den ganz wenigen zertifizierten Bio-Konditoreien mit angeschlossenem Café in Hamburg. Ausschließlich Bio-Zutaten kommen hier zum Einsatz: Eier aus biologischer Freilandhaltung, nachhaltig produzierte Schokolade, Obst von regionalen Öko-Produzenten. Das zweite große Plus von Willi's Cakes ist die Liebe zum Handwerk. Der Inhaber, Konditormeister Willi Bahlmann, begann mit einem Cateringbetrieb, bei dem er seine Kundinnen und Kunden mit künstlerisch gestalteten Hochzeits- oder Geburtstagstorten belieferte. Und das tut er heute noch. Doch seine Kreationen in dem kleinen Café sind nicht weniger lecker. Von den Kuchen, Keksen und Torten bis hin zur Konfitüre: Bahlmann und seine Kollegin, ebenfalls Konditormeisterin, machen hier alles selbst. Und das schmeckt man auch, ob beim Sauerteigbrot, den Croissants und Franzbrötchen, die Bahlmann selbstverständlich alle selbst backt, oder dem Schlemmer-Frühstück für zwei mit Omelette und Crêpe. (Tipp: beim Frühstück unbedingt den frisch gepressten Saft aus Orange, Karotte, Apfel und Ingwer probieren!). Die Kaffee-spezialitäten werden auf Basis von zwei verschiedenen Espresso-mischungen aus der Speicherstadt Kaffeerösterei zubereitet, in den Milchkaffee und Kakao kommt nicht homogenisierte Bio-Milch aus dem Hamburger Umland. Bei Willi's Cakes gibt es vor allem im Winterhalbjahr, wenn man nicht draußen sitzen kann oder möchte, nur wenige Sitzplätze, daher muss man zu den Stoßzeiten entweder Glück oder Geduld mitbringen. Was aber natürlich immer geht: sich etwas für zuhause mitzunehmen. Vielleicht ein paar von Willis handgefertigten Macarons?

Küche Kaffee, Kuchen, Frühstück | **Preise** €€
Tipps von der Karte Franzbrötchenschnitte, Pain au chocolat, Macarons

Hamm
Hirschgraben 44
22089 Hamburg
(040) 94788125
snoopkraam.de
⊙ @snoopkraam_hamburg

snoopkraam

Das Wort „Snoopkraam" ist Plattdeutsch und bedeutet soviel
wie „süße Leckereien". Genau die bekommt man in diesem gemütlichen Nachbarschaftscafé zwischen Eilbek und Hamm, und noch
viel mehr. Auf den ersten Blick wirkt das snoopkraam wie eine ganz
normale Bäckerei mit ein paar Bistrotischen vor der Tür. Bis man
merkt, dass die Wohnung rechts vom Verkaufsraum ebenfalls mit
dazugehört und dass man hier zur Terrasse im grünen Hinterhof
gelangt, wo weitere Tische und mehrere einladende Open-Air-
Sofas stehen. Es gibt sogar eine Hängematte und einen Schaukel-
stuhl. Das Angebot reicht von Frühstück über Lunch bis zu Kaffee
und Kuchen, alles mit besten, frischen Zutaten und viel Bioware.
Die Kuchen und Torten werden mit Dinkelmehl zubereitet und
es gibt diverse vegane Optionen. Brot und Brötchen liefern
Handwerksbäckereien aus der Region, die Milch für die Kaffee-
spezialitäten ist unbehandelte Vorzugsmilch vom Milchhof
Reitbrook. Die Auswahl der hausgemachten Kuchen und Torten,
die von Beate Matuszak und zwei Freundinnen gebacken werden,
variiert, aber einige Standards sind immer dabei, zum Beispiel
der locker-leichte Carrot Cake und ein, zwei Varianten Käsetorte.
Macarons, die ebenfalls hausgemacht sind, und Kleingebäck wie
Marzipanhörnchen runden das Angebot ab. Das kleine Team
kümmert sich ganz persönlich um alle Gäste – man merkt schnell,
dass hier jemand sein Café mit ganz viel Herzblut betreibt. Der
größtenteils vegetarische oder vegane Mittagstisch, der immer
montags bis freitags von 12:30–14:30 Uhr serviert wird und bei dem
jeden Tag ein anderes fantasievolles Gericht auf den Tisch kommt,
ist im Viertel inzwischen so beliebt, dass man reservieren sollte.

Küche Kaffee, Kuchen, Mittagstisch | **Preise** €–€€
Tipp von der Karte Käsesahne mit Beerenspiegel

St. Pauli
Taubenstraße 15
20359 Hamburg
(040) 38630682
zuckermonarchie.de
@ @zuckermonarchie

Zuckermonarchie

Ursprünglich war die Zuckermonarchie ein Ein-Frau-Unternehmen: eine Catering-Firma für Kuchen und Torten. 2013 wagte Denise Urdahl dann den Schritt, sich auf St. Pauli mit einem Konditorei-Café niederzulassen, und das lief so gut, dass sie schon zwei Jahre später den Laden nebenan dazumietete, um die Fläche zu verdoppeln. Bei der Zuckermonarchie ist alles hausgemacht, aus sorgfältig ausgewählten Zutaten, ausschließlich Bio-Eier kommen in den Teig der Törtchen und Tartes, der Cupcakes und Cake Pops. Um nur zwei Highlights zu nennen: „Comtesse Chèvre", ein Törtchen aus Ziegenfrischkäse-Mousse mit Kirschkompott und karamellisierten Walnüssen auf Mürbeteig, und „Prince Apple Pie", ein Apfelkuchen mit Karamellspiegel und einer Mousse aus Brioche und weißer Schokolade. Auch die Macarons aus französischem Mandelbaiser werden per Hand gefertigt. Wenn man sich ob der Vielfalt nicht entscheiden kann, dann bietet sich eines der zwei „Menüs" an, je nachdem, ob man in der Zuckermonarchie frühstücken möchte oder zum Nachmittagstee herkommt: Das Frühstück „Katharina die Große" und der Afternoon Tea „Marie Antoinette" werden jeweils auf einer dreistöckigen Etagere serviert, die mit vielen kleinen Leckereien bestückt ist. Man sollte aber auf jeden Fall vorher reservieren. Im Sommer 2020, mitten in der Pandemie, wurde das Sortiment um ein neues Segment erweitert: einen eigenen Eissalon, dessen Kreationen die Kundschaft in gewohnter Manier verwöhnen, mit hausgemachtem Softeis, Eis-Sandwiches mit knackigen, frisch gebackenen amerikanischen Cookies, z. B. mit Erdnussbutter und Karamell, und Eis am Stiel, z. B. mit Kokosjoghurt und Nüssen oder belgischer Schokolade. Köstlich!

Küche Kaffee, Kuchen, Eis | **Preise** €–€€
Tipp von der Karte Cupcake Queen Chocolate Choc

Karolinenviertel
Sternstraße 25
20357 Hamburg
(040) 30739763
in-guter-gesellschaft.com
@ @ingutergesellschaft

In guter Gesellschaft

„Zero Waste" – kein Abfall – heißt ein neuer wichtiger Nachhaltig-
keits-Trend. Läden, in denen man verpackungsfrei einkaufen kann,
gibt es bereits seit einiger Zeit. Dass man aber ein ganzes Lokal
betreiben kann, ohne unnötigen Abfall zu produzieren, demons-
triert im Karoviertel In guter Gesellschaft, das erste Zero-Waste-
Café Deutschlands. Alle Waren werden unverpackt eingekauft,
die verwendeten Produkte sind frisch und größtenteils bio und
regional. Die Küche nutzt weder Fertigprodukte noch künstliche
Zusatzstoffe. Einwegartikel sucht man vergebens, alle Bio-Abfälle
werden zu Dünger verarbeitet, die Verpackungen sind wieder-
verwendbar, alles verbrauchte Papier wird recycelt, *coffee to go*
wird nur an Gäste verkauft, die ihren Mehrwegbecher mitbringen.
Das In guter Gesellschaft ist kein rein veganes Café, alle Kaffee-
Spezialitäten bekommt man auch mit Kuhmilch, aber die Speisen
sind fast alle vegan, von den Frühstücksangeboten wie den herzhaften „Green Pancakes" aus roten Linsen mit Rucola, Avocado und
veganer Frischkäse-Crème bis hin zu köstlich belegten Sauerteig-
broten wie „Happy Mushroom" mit gebratenen Champignons,
Avocado, Rucola und Tomaten. Alles ist lecker, bunt, frisch, und
obendrein genießt man hier mit einem guten Gewissen. Alana
Zubritz, die das Café 2017 zusammen mit ihrer guten Freundin Ina
Choi-Nathan gegründet hat, ist eine ausgewiesene Expertin für
„Zero Waste" und bietet Workshops und Events zum Thema
Nachhaltigkeit an. Auf ihrer Webseite *followthelane.com* erklärt sie
außerdem, wie wir alle mit einfachen Mitteln unseren Alltag,
vom Kochen bis zur Körperpflege, nachhaltiger gestalten können.

Küche Kaffee/Kuchen/vegane Speisen | **Preise** €
Tipp von der Karte Mini-Pancakes mit Konfitüre

Karolinenviertel
Karolinenstraße 16
20357 Hamburg
(0160) 93843527
goldenblack.de
@goldenblack_coffeestore

goldenblack

Nach zehn Jahren im Catering-Geschäft hat Arash Etemadi im Sommer 2020 den Schritt gewagt und im Karoviertel ein eigenes Café aufgemacht. Ein Glück, denn das, was er in seinem kleinen Lokal zaubert, ist ein ganz großer Genuss. Das fängt schon beim Kaffee an: Als ausgewiesener Experte hat es sich Etemadi zur Aufgabe gemacht, seinen Gästen immer wieder neue Sorten unabhängiger deutscher und internationaler Röster näherzubringen. Das Angebot wechselt ständig und ist daher eine echte Fundgrube für alle, die gerne Neues ausprobieren. Ob Kaffee von five elephant aus Berlin, Drop Coffee aus Schweden oder Coffee Collective aus Dänemark – das Kaffee-Regal ist immer interessant bestückt. Vor Ort serviert Etemadi neben den Standards von Espresso bis Caffè Latte aber noch etwas ganz Besonderes, das man so kaum irgendwo anders bekommt: In den Sommermonaten wirft er seine Eismaschine an, und dann gibt es Softeis mit feinem Espressogeschmack. Mal eine ganz andere Art, sich seinen Koffeinkick einzuverleiben, ausgesprochen lecker! Ein weiteres Highlight sind die Cookies – nur drei verschiedene Riesenkekse hat goldenblack im Angebot und alle sind wirklich umwerfend: Schoko-Erdnussbutter, Schoko-Walnuss und weiße Schokolade mit Tahini-Sesampaste (der Bestseller im goldenblack). Auch die lockerleichten „Kardamom Buns", noch warm aus dem Ofen, sind ein Volltreffer, sie haben bloß einen Nachteil: Es gibt sie nur am Wochenende. Außerdem im Angebot: ständig wechselnde Kuchensorten und veganes Bananenbrot. Und als herzhaften Lunch gibt es Grilled-Cheese-Sandwiches und die „Israelische Lunchbox", die immer wieder mit anderen frischen Zutaten daherkommt.

Küche Kaffee, Gebäck, Lunch | **Preise** €
Tipp von der Karte Chocolate Peanutbutter Cookie

Winterhude
Gertigstraße 23
22303 Hamburg
(040) 21066598
cheesecake.hamburg
@cheesecakeheavenhh

Cheesecake Heaven

Salted Caramel Cheesecake, Cookie Dough Cheesecake, Dark Chocolate Orange Cheesecake, Toffifee Cheesecake, Franzbrötchen Cheesecake, Knoppers-Riegel Cheesecake, Windbeutel Cheesecake, Bienenstich Cheesecake, Tiramisu Cheesecake, Kinder Country Cheesecake, Baileys Cheesecake, Kirsch Banane Cheesecake, Brownie Cheesecake, Rocher Cheesecake, Granola Cheesecake, Mango Cheesecake, Nutella Cheesecake, Banana Bread Cheesecake, Apple Crumble Cheesecake, Honigwaffel Cheesecake, Giotto Cheesecake, Blaubeer Mandel Cheesecake, Bounty Cheesecake, Granatapfel Cheesecake, Toblerone Cheesecake, Chai Cheesecake, Zimtstern Cheesecake, Reese's Cheesecake, Mousse au Chocolat Cheesecake, Caramel Popcorn Cheesecake, Kinder Bueno Cheesecake, Cassis Cheesecake, Honey Sesame Cheesecake, White Chocolate Macadamia Cheesecake, Carrot Cheesecake, White Chocolate Blueberry Cheesecake, Lebkuchen Cheesecake, Peanutbutter Cheesecake, Malteser Cheesecake, Pumpkin Cheesecake, Daim Cheesecake, Spekulatius Cheesecake, Banana Toffee Cheesecake, Raffaello Cheesecake, Blackberry Almond Cheesecake, Marmor Cheesecake ... All diese Sorten (und noch mehr!) hat Cheesecake Heaven in den letzten Jahren auf den Kuchenteller gebracht. Das Angebot wechselt ständig, man kann sich also immer wieder auf ein neues Geschmackserlebnis freuen, und es gibt sogar stets vegane Varianten. Dabei scheinen der Fantasie von Alex, Gina und ihrem jungen Team keine Grenzen gesetzt – wer hätte gedacht, dass der gute alte Käsekuchen so wandlungsfähig ist? Man sollte allerdings schon ein wenig Hunger mitbringen: Die Kuchenstücke sind nicht nur unheimlich lecker, sondern auch ganz schön groß ...

Küche Kaffee und Käsekuchen | **Preise** €
Tipp von der Karte Franzbrötchen Cheesecake

Eiscafés

Sommerzeit ist Eis-Zeit! Sobald die Temperaturen zweistellig werden, freut sich ganz Hamburg darauf, dass die Eisdielen wieder öffnen. Nichts gegen das klassische Eiscafé „Venezia" oder „Napoli" mit Spaghettieis, Malaga-Becher und Banana-Split. Doch die Hamburger Gastro-Szene hat noch einiges mehr zu bieten. Zum Beispiel **Oehlers Eispatisserie** (Eppendorfer Weg 161), wo z. B. Schokoeis mit echter Valrhona-Schokolade in die Waffel kommt oder das superleckere „Vanille mit luftigem Karamell". Bei **Eishunger** (Gertigstraße 29) werden individuelle Eiskreationen auf dem „kalten Stein" zubereitet – auf die Hand, als Eisbecher, auf einer Herzwaffel oder als Shake. Bei **OroGelato** (Wandsbeker Chaussee 94, Carl-Petersen-Straße 107) genießt man ein Dutzend wechselnde Sorten, die alle extrem lecker sind – Highlight: Cremino (Haselnusseis mit Nutella). Bei **Nice Cream** (Tondernstieg 1) serviert man das leckere Eis (u. a. in den Sorten Rumkugel und Vegane Dunkle Schokolade) wahlweise im Croissant, im Brioche oder in der Bubble-Waffel. Und für Vierbeiner steht Leberwursteis auf der Karte. Eiscreme in ausgefallenen Spezialsorten, davon immer mehrere vegane Varianten, gibt es auch bei **Luicella's** (Detlev-Bremer-Straße 46, Lange Reihe 113, Grindelhof 67, Osterstraße 133, Eppendorfer Landstraße 10, Schanzenstraße 52). **Eiszeit** (Müggenkampstraße 36, Eppendorfer Landstraße 33) hat über 100 hausgemachte Sorten im Repertoire, von denen stets eine wechselnde Auswahl im Angebot ist. Einen der besten Eiskaffees der Stadt gibt es bei **Eisbüttel** (Lutterothstraße 45). Wer Lust auf ein echtes dänisches Softeis hat, ob mit Streuseln, mit Schokoüberzug oder pur, der begebe sich zu **Miss Sofie** (Kaiserkai 59a) an die Promenade unterhalb der Elbphilharmonie. Und last, not least sei allen Eis- und Käsekuchen-Fans **Eis Prinz** (Fuhlsbüttler Straße 155) ans Herz gelegt, wo es eine der köstlichsten Eissorten der Stadt gibt: Käse-Sahne. Ein Traum!

Läden für Leckeres

Hoheluft-West
Eppendorfer Weg 189
20253 Hamburg
(0172) 4287095
bread.love
@ @bread.hamburg

bread.

Vier Quadratmeter – so groß bzw. klein ist der Laden von Christian Aeby am Eppendorfer Weg. Aber mehr braucht es auch nicht, um Hamburg vielleicht leckerstes Brot zu verkaufen. Viele haben in der Pandemie angefangen, selbst Sauerteigbrot zu backen – mal mehr, mal weniger erfolgreich. Sich täglich um den Teig zu kümmern und ihn nach komplizierten Vorgaben zu hegen, zu pflegen und zu backen, ist nicht jedermanns Sache. Aber kein Problem: Manches kann und sollte man den Fachleuten überlassen, wie dem Schweizer Aeby, der in seinem ersten Leben Filmregisseur war, nun aber schon seit Jahren bread. betreibt. In seinem Mini-Laden verkauft er nur einen einzigen Artikel: ein liebevoll gefertigtes Brot aus einem Sauerteig aus Bio-Weizenmehl, der viel länger reifen darf als üblich und dann von Hand geformt und im Holzofen gebacken wird. An die 60 Stunden dauert der Herstellungsprozess. Lange Jahre hat Christian Aeby sich in Backstuben in der Schweiz und Österreich umgetan, hat sich selbst das Bäckerhandwerk beigebracht, nach dem perfekten Rezept geforscht und viel ausprobiert, bis er am Ziel war. Das Resultat schmeckt einfach umwerfend, und es kommt in vier verschiedenen Formen daher: „Stange" und „Flûte", ein dickes und ein dünneres Baguette, der „Hammer", ein gewaltiger dunkler Laib, kann auch stückweise erworben werden. Etwas ganz Besonderes ist das typisch schweizerische „Bürli", das aus vier Brötchen besteht, die gemeinsam gebacken werden und eine Art zusammenhängendes Kleeblatt bilden. Ob zum Frühstück, zum Abendbrot, zum Dippen oder vielleicht sogar beim Käsefondue: Das Brot von bread. ist eine Bereicherung für jeden Esstisch.

Sortiment Sauerteigbrot | **Preise** €
Shopping-Tipp Bürli

Winterhude
Barmbeker Straße 189
22299 Hamburg
(040) 38632113
lakritzerie.com
@die_lakritzerie

Die Lakritzerie

Lakritz – der eingedickte Saft aus der Wurzel des Echten Süßholzes –
wurde und wird traditionell vor allem dort genossen, wo um
1900 die Handelsschiffe anlegten, die das Süßholz aus dem Nahen
Osten nach Europa brachten: in Skandinavien, in England und
nicht zuletzt natürlich in Hamburg. Heute ist Lakritz hierzulande ein
fester Bestandteil der Süßwarenkultur, dennoch kennen die
meisten es nach wie vor nur in den beliebtesten Darreichungsformen,
als Lakritzschnecke etwa oder in den Varianten der berühmten
Marke mit der Katze im Logo. Dass es noch ganz anders geht,
beweist Die Lakritzerie am Winterhuder Marktplatz: Mehr als 500
verschiedene Produkte aus oder mit Lakritz hat das inhaberge-
führte Ladengeschäft im Angebot, in erster Linie Süßigkeiten von
diversen deutschen Manufakturen, aber auch aus Schweden,
Finnland, den Niederlanden oder Italien. Es gibt Lakritzschokolade
und Salmiaktaler, Lakritzpralinen, Schaumlakritz und Lakritzlollies,
hartes und weiches Lakritz, Lakritzkaramell und Lakritzsirup,
Honig und Marmelade mit Lakritz, Lakritz-Senf, Hustenbonbons mit
Lakritz, Frucht-Lakritz und Lakritz-Früchtetee. Für den geistigen
Genuss führt die Lakritzerie mehrere Sorten Lakritzlikör, und die
echten Fans putzen sich mit Lakritz-Zahnpasta die Zähne. Aber
das ist längst nicht alles: Zwanzig Sorten original englischer Fudge,
feinste handgefertigte Schokoladen und Lübecker Marzipan
verwöhnen alle, die kein Lakritz mögen. Damit man sich inmitten
dieser Vielfalt auch zurechtfindet, stehen Inhaber Hajo Vitense,
der die Lakritzerie Anfang 2021 übernahm, und sein Team der
Kundschaft mit viel Sachverstand zur Seite.

Jar labels:

Lakritz-Fudge in
Schoko Vollmilch
6,50 € / 100 g

Knusper Salmiak
(ZB)*
6,50 € / 100 g

Lakritz-Salmiak
Igel VM (m.A.)*
6,50 € / 100 g

Lakritz-Salmiak
Igel ZB (m.A.)*
6,50 € / 100 g

Sortiment Süßwaren | **Preise** €–€€
Shopping-Tipp Die Hamburg-Tüte

Eimsbüttel
Heußweg 97
20255 Hamburg
(040) 43219434
herzgruen.com
@herzgruen_hamburg

Herzgrün

Das reizende kleine Ladenlokal von Gunnar Heydenreich ist gut ausgestattet mit allerlei besonderen Spezialitäten aus Österreich. Vor allem Produkte aus Gunnars Heimat, der Steiermark, stehen in den Regalen im Laden. Der gemeinsame Nenner ist dabei „Viva Austria": von diversen Artikeln mit Hirschhornteilen über zünftige Ledergürtel bis hin zu Duftkerzen (mit Österreichduft!) und Badeentchen im Amadeus- oder Sissi-Look – hier gibt es ganz zauberhafte und ungewöhnliche Geschenkideen für Austria-Fans und solche, die erst durchs Herzgrün dazu werden. Und da Liebe durch den Magen geht, stehen vor allem zahlreiche kulinarische Leckerbissen zum Verkauf: Ein erstklassiges Kürbiskernöl und leckeren Zirbensirup (aus den Zapfen der Zirbelkiefer, auch Zirbel-nüsse genannt) findet man hier ebenso wie feine Obstbrände und Weine sowie zart nussige steirische Käferbohnen und ein pikantes Pesto aus Waldviertler Graumohn. Wem bei so viel Österreich der Magen knurrt, dem kann umgehend geholfen werden: Zum Laden gehört ein kleines Bistro, in dem der Wirt österreichische Spezereien anbietet. Hier gibt es – je nach Wochentag – Nockerln, Knödel, Strudel, Krautfleckerln oder auch mal ganz simpel Leberkäse- und Schnitzelsemmeln. Im Sommer sitzt man inmitten von Stammgästen und Nachbarinnen direkt vor dem Laden in der Sonne. Die hausgemachten Durstlöscher „Zirbenwasser" und „Schiwasser" funktionieren nicht nur auf der Hütte, sondern erfrischen auch in Eimsbüttel ganz wunderbar. Die verschiedenen Knödelvarianten in der Probierportion (drei verschiedene kleine Knödel statt ein großer) sind eine super Sache. Und wer danach sogar noch einen Nachtisch schafft: die Strudel sind göttlich!

Sortiment österreichische Spezialitäten | **Preise** €–€€
Shopping-Tipp Kürbiskernöl

Eimsbüttel
Weidenallee 53–55
20357 Hamburg
(040) 81955651
beyondbeer.de
@beyondbeer

Beyond Beer

Craft-Bier ist seit Jahren ein fester Bestandteil der Gastronomie.
Beyond Beer in Eimsbüttel ist das Hamburger Mekka für Fans
dieser Biere aus kleinen, unabhängigen Brauereien, von denen viele
uralte Rezepte wiederentdecken und in brandneue, zeitgemäße
Kreationen verwandeln. 2015 eröffneten die Biergroßhändler
Ronald und Max das Fachgeschäft, verstärkt durch die Bier-
Sommelière Florentine und den leidenschaftlichen Bier-Blogger
Klaas. Rund 300 verschiedene Biere von unabhängigen Brauereien
hat Beyond Beer im Regal und im Lager. Im Geschäft sind sie
nach Marken und Ländern geordnet, so kann man sich leicht
zurechtfinden, falls man bereits eine Vorstellung davon hat, was
man sucht. Falls nicht, kann man sich getrost an das Team wenden,
das sich durch jede Menge Expertise in Sachen Gerstensaft auszeichnet. Wie wär's zum Beispiel mit einem fruchtigen Lambic-Bier
von Lindemans aus Belgien? Einem hopfigen Double IPA von
Deya aus England? Einem kräftigen Fruit Sour von Mikkeller aus
Dänemark? Einem alkoholfreien Wolfscraft Brutal aus München?
Oder einem süffigen Schwanensee-Alster von der Hamburger
Landgang-Brauerei? Wer sich sofort einen leckeren Schluck
gönnen möchte, ist ebenfalls gut bedient: Am Verkaufstresen
werden drei ständig wechselnde Sorten vom Fass ausgeschenkt,
und ein großer Kühlschrank ist mit Flaschenbieren bestückt. Allen,
die noch tiefer in die Welt der Biermanufakturen eintauchen
möchten, sei das „Craft Beer Tasting" ans Herz gelegt, das regelmäßig im „Taproom" des Geschäfts stattfindet. Oder man besucht
gleich einen der sechsstündigen Kurse, in denen Einsteiger lernen
können, wie man zu Hause selbst Bier braut.

Sortiment Craft-Bier | **Preise** €
Shopping-Tipp Mikkeller Side Eyes Pale Ale

HafenCity
Stockmeyerstraße 43
20457 Hamburg
(040) 22865538
hobenkoeoek.de
@hobenkoeoek

Hobenköök

Die Gourmet-Markthalle Hobenköök (auf Hochdeutsch: „Hafen-küche") hat ihren Sitz am Rande der HafenCity und der Speicher-stadt im „Kreativquartier" Oberhafen. Und da passt sie auch ganz gut hin, denn wer gerne kocht, dem kommen bei der großen Auswahl der nachhaltig hergestellten Produkte, die hier zum Ver-kauf stehen, kreative Ideen für die heimische Küche. 200 regionale Produzenten bestücken die 600 Quadratmeter große Verkaufs-fläche mit ihren saisonalen Erzeugnissen, und die Macher der Hobenköök werben damit, dass sie von jedem einzelnen Produkt genau wissen, woher es stammt und wie es hergestellt wird. Die Regale sind voll mit allen erdenklichen Bio-Lebensmitteln, von Senf über Wein bis Schokolade, der Obst- und Gemüsestand lockt mit regionaler Vielfalt, an der Frischetheke gibt es Käse, Fisch und Fleisch, alles aus Norddeutschland. Die Markthalle ist aber nur ein Teil des Konzepts: Im Eingangsbereich befindet sich ein Restaurant, in dem der innovative Küchenchef Thomas Sampl mit Zutaten aus der Markthalle leckere Gerichte zaubert. Auch hier ist Nachhaltig-keit das Stichwort: Wenn die nicht verkauften frischen Produkte aussortiert werden müssen, landen sie nicht wie bei einem Super-markt im Müll, sondern werden von morgens bis abends direkt vor Ort in der Küche verarbeitet und kommen im Restaurant auf den Tisch. Das Resultat sind ständig wechselnde Gerichte auf der Tageskarte, bei denen sich Sampl immer wieder etwas Neues einfallen lässt, Seite an Seite mit leckeren Standards wie Glückstädter Matjes mit Butterkartoffeln oder Rindertatar mit Kräutertunke. Ein vorbildliches Konzept, das auf große Resonanz stößt: 2020 wurden Restaurant und Markthalle in den berühmten Gastroführer *Gault & Millau* aufgenommen.

Sortiment regionale und Bio-Lebensmittel | **Preise** €–€€€
Shopping-Tipp Kräutertees der Loki-Schmidt-Stiftung

Eilbek
Lübecker Straße 145
22087 Hamburg
(040) 300672950
weinquelle.com
@ @weinquelleluehmann

Weinquelle Lühmann

Wer Wein, Whisky, Cognac oder andere alkoholische Spezialitäten einkaufen möchte und sich eine wirklich fachkundige Beratung wünscht, ist hier genau richtig. Bei der Weinquelle Lühmann wird man immer fündig, ganz gleich, ob man eine Flasche Weißwein für sechs Euro oder einen Armagnac für 600 Euro sucht. Über 7000 Artikel hat die Weinquelle derzeit im Sortiment, neben Wein und Sekt unter anderem fast 2000 Sorten Whisky und mehrere hundert Sorten Gin. Und das Team kennt jede einzelne davon und weiß genau, was sich für welchen Anlass eignet, welche Aromanoten ein bestimmter Rum hat oder wer wo genau diesen und jenen französischen Rosé produziert. Für eine so enorme Vielfalt erscheint der Laden als solcher viel zu klein, aber es gibt hinter den Kulissen riesige Lagerräume. Da es nicht möglich war, an Ort und Stelle weiter zu wachsen, betreibt die Weinquelle inzwischen ein Logistikzentrum bei Siek an der A1, das als Lager für den umfangreichen Onlineshop und für Selbstabholer dient. Dort gibt es auch einen großen Tasting Room, in dem regelmäßig Verkostungen stattfinden. Die Weinquelle Lühmann ist eines der traditionsreichsten Unternehmen in Eilbek: Vor über hundert Jahren eröffneten Ferdinand und Anne Lühmann in der Güntherstraße einen Kolonial- und Gemischtwarenladen, der auch Wein und Spirituosen verkaufte. Die umtriebige Familie erweiterte ihre Expertise auf diesem Gebiet, bis sie Mitte der 1950er-Jahre an der Ecke Lübecker Straße/Wartenau die Weinhandlung eröffnete, die bis heute ihre begeisterten Kunden bedient. Inzwischen steht die vierte Generation hinter dem Ladentisch. Schön, dass es solche traditionsreichen Geschäfte noch gibt.

Sortiment alkoholische Getränke | **Preise** €–€€€
Shopping-Tipp seychellischer Takamaka-Rum

Billbrook
Halskestraße 48
22113 Hamburg
(040) 78081351
andronaco.info
@andronaco_grande_mercato

Andronaco

Vor über vierzig Jahren kam Vincenzo Andronaco als „Gastarbeiter"
aus dem sonnigen Sizilien ins (vergleichsweise) nasskalte Hamburg, um sein Glück zu suchen. Viele Jahre lang arbeitete er auf
dem Großmarkt und verkaufte Spezialitäten aus seiner italienischen Heimat an Gastronomen. Im Jahr 2000 hatte er genug
Kapital angespart, um im Gewerbegebiet in Billbrook ein eigenes
Geschäft zu eröffnen. Ursprünglich war auch dieser Betrieb noch
gewerblichen Kunden vorbehalten, doch bald erkannte Andronaco
das Potenzial eines großen italienischen Feinkosthandels, in
dem auch Privatkunden einkaufen konnten, um ihre Küche daheim
mit den Lebensmitteln zu bestücken, die sie bislang nur aus
dem Italienurlaub kannten. Inzwischen sind mehrere Filialen hinzu-
gekommen, in denen hiesige Italien-Fans, aber auch so bekannte
Gastronomen wie Antonio Cotugno vom Restaurant L'Europeo
einkaufen. Das Herzstück des Unternehmens ist aber immer noch
der *Grande Mercato* in Billbrook, der auf 1200 Quadratmetern
Fläche über 6000 Artikel anbietet. Nirgends in Hamburg gibt es
eine vergleichbare Auswahl an direkt aus Italien importierten
Olivenölen, Balsamici, Pasta-Sorten, Pestos, Weinen, Spirituosen,
Kaffees, Süßigkeiten, Gebäck, Milch- und Fleischprodukten,
Meeresfrüchten ... von der langen Wurst- und Käsetheke ganz zu
schweigen. Wer einige der Spezialitäten sofort kosten möchte,
wird in dem kleinen Bistro mit offener Küche im vorderen Bereich
des Geschäfts aufs Beste versorgt. Vor einiger Zeit hat der
Firmengründer seine spannende Lebensgeschichte aufgeschrieben
und ins Deutsche übersetzen lassen; die Autobiografie ist natürlich
ebenfalls bei Andronaco erhältlich.

Sortiment italienische Lebensmittel | **Preise** €–€€
Shopping-Tipp Grappa Affinata Le Giare, Arancini

Altstadt
Steinstraße 19a
20095 Hamburg
(040) 43251525
die-roesterei.com
@dieroesterei_coffeum

Die Rösterei Coffeum

Die Rösterei Coffeum im Herzen der Hamburger City ist ein echter Familienbetrieb, der seine Kundschaft seit 1998 mit ausgesuchten Kaffeesorten versorgt. Der Fokus liegt auf reinsortigen *single origins* und Farmkaffees. Alle Rohkaffees werden mit einem Trommelröster der Marke Probat von 1953 im Langzeit-Schonröstverfahren veredelt. So können sich alle Aromen komplett entfalten, und zudem wird der Gehalt an Chlorogensäuren minimiert, weshalb auch Menschen mit empfindlichem Magen die kräftigeren Kaffeesorten genießen können. Die Fruchtsäuren im Kaffee, die für die spezifischen Aromen sorgen, bleiben davon natürlich unberührt. Ein weiteres Anliegen der Rösterei ist der faire Umgang mit Umwelt und Produzenten – soweit es geht, wird biologisch angebauter, fair hergestellter und gehandelter Kaffee eingekauft, der von Rainforest Alliance oder Alliance for Coffee Excellence zertifiziert ist. Auch wer es ganz exklusiv und ausgefallen liebt, kommt in der Rösterei auf seine Kosten. Haben Sie schon einmal Schleichkatzenkaffee gekostet oder Kaffee von den Galapagos-Inseln? Neben den reinen Bohnen werden auch eine große Auswahl an aromatisierten Kaffees angeboten, die mit diversen köstlichen Aromen versetzt sind, von Kardamom über Eierlikör und Orange bis Spanisches Karamell – ein ganz besonderes Geschmackserlebnis, ganz ohne zuckrige Sirups. Das Team ist äußerst sachkundig, empfiehlt einem die passende Bohne, berät in Sachen Zubereitung und zaubert den Gästen im Café vor Ort auch direkt eine ganze Reihe Kaffeespezialitäten. Außerdem bietet die Rösterei immer wieder Seminare an, in denen Kaffee-Fans alles über die Herstellung und Zubereitung ihres Lieblingsgetränks erfahren.

Sortiment Kaffee | **Preise** €–€€
Shopping-Tipp Espresso Italiano No. 1, Eierlikörkaffee

Wochenmärkte

In Hamburg gibt es über hundert regelmäßige Wochenmärkte, also etwa einen pro Stadtteil. Der Lebensmitteleinkauf ist für die meisten von uns ein ganz gewöhnlicher Bestandteil des Alltags und allzu oft mit Stress verbunden. Doch über einen Markt zu schlendern, sich an den Ständen von Obst, Gemüse, Blumen oder Käse inspirieren zu lassen, und das auch noch an der frischen Luft, ohne einen Einkaufswagen zwischen Supermarktregalen hindurch-navigieren zu müssen – das hat schon was. Zumal man automatisch umweltbewusster einkauft, da man auf eine Menge Verpackungs-material verzichten kann. Einer der ewigen Favoriten von Hamburgern und Touristen ist der **Isemarkt** (Isestraße, Di/Fr 8:30–14 Uhr): Der wunderschöne Wochenmarkt unter dem historischen U-Bahn-Viadukt lädt auch bei „Schietwetter" zum ausgiebigen Flanieren ein: Mit 600 Metern ist er der längste Markt der Stadt. Statt unter einer Bahnbrücke spaziert man auf dem **Immenhof-Wochenmarkt** (Immenhof, Di 14–18/Fr 8–13) unter Linden und entlang des schönen Kuhmühlenteichs. Klein, aber fein ist der **Bio-Wochenmarkt Blankenese** (Marktplatz Blankenese, Mi 9–13), auf dem man Bio-Käse, Bio-Backwaren und Gemüse und Fleisch in Demeter-Qualität bekommt. Der Bio-Wochenmarkt macht außerdem u. a. in Rahlstedt, Ottensen und Nienstedten Station. An die 70.000 Besucherinnen und Besucher lockt der legendäre **Fischmarkt** (Große Elbstraße, So 5–9:30 Uhr) jede Woche an. Für viele ist ein Fischbrötchen dort die letzte Station einer durchfeierten Nacht, und Touristen freuen sich über die berühmten Marktschreier wie Aale-Dieter und Bananen-Fred. Aber der Fischmarkt ist auch ein ganz normaler Wochenmarkt. Kurz vor halb zehn locken Schnäppchen! Wer tags-über wenig Zeit zum Einkaufen hat, für den eignet sich der **St. Pauli Nachtmarkt** (Spielbudenplatz, Mi 16–22 Uhr, im Sommer bis 23 Uhr), mit vielen Marktständen mit regionalen Lebensmitteln, mehreren Food Trucks und hin und wieder Live-Musik. Eine schöne Mischung aus Wochenmarkt und Szene-Treff.

Register

Impressum/ Abbildungsnachweis

Bibliografische Information der
Deutschen Nationalbibliothek
Die Deutsche Nationalbibliothek verzeichnet
diese Publikation in der Deutschen
Nationalbibliografie; detaillierte bibliografische Daten sind im Internet über
http://dnb.d-nb.de abrufbar.

ISBN 978-3-8319-0809-7

© Ellert & Richter Verlag GmbH,
Hamburg 2021
2. Auflage 2022

Texte: Cornelius Hartz und Catrin Prange,
Hamburg
Fotos: Catrin Prange, Hamburg
Gestaltung: BrücknerAping, Büro für
Gestaltung, Bremen
Gesamtherstellung: Opolgraf, Opole

Alle Angaben in diesem Buch sind
gewissenhaft geprüft. Preise, Öffnungszeiten
etc. können sich aber schnell ändern. Daher
können Autoren und Verlag keine Gewähr für
die Richtigkeit übernehmen.
Für Anregungen, Berichtigungen und
Ergänzungsvorschläge sind wir dankbar.
Bitte senden Sie diese an:

info@ellert-richter.de

Abbildungsnachweis

S. 13: Lily of the Valley
S. 25: Chantal Pahlsson-Giddings
    (Model: Tattoo Yobbo)
S. 31: Saint Pablo's Taco Shop
S. 47: Brücke 10
S. 49: Janna Christin
S. 53: La Sepia
S. 77: Focacceria Apulla
S. 81: Stephan Lemke
S. 97: O-ren Ishii
S. 107: Brook
S. 109: TYO TYO
S. 113: Bernd Westphal
S. 115: Stocks Fischrestaurant
S. 117: Störtebeker Elbphilharmonie
    Hamburg
S. 120: Stephan Lemke
S. 125: froindlichst
S. 131: Jan Seebeck
S. 133: Kjeks
S. 135: AN Vegan House
S. 143: Marshall Street Coffee
S. 147: Surfkitchen
S. 153: La Caffètteria
S. 161: Yana Schicht
S. 163: Laura Kypke
S. 179: Beyond Beer
S. 185: Andronaco
Titelabbildung: iStockphoto.com/oatintro
Autorenfoto: Elena Gohdes
Alle anderen Fotos von Catrin Prange

Ellert & Richter Verlag
Borselstraße 16 C
22765 Hamburg
www.ellert-richter.de
www.facebook.com/EllertRichterVerlag
@ ellert_richter_verlag